子どもの人権をどうまもるのか

―福祉施策と実践を学ぶ―

山縣文治

子どもの人権をどうまもるのか（'21）

©2021　山縣文治

装丁・ブックデザイン：畑中　猛

s-42

まえがき

　2016年の児童福祉法改正で，はじめて，子どもが権利の主体であることが明記されました。では，「権利の主体である」とはどういう意味なのでしょうか。本書は，子ども家庭福祉の視点から，子どもの権利について，さまざまな側面から考えることを意図しています。

＊

　ところで，本書のタイトルは，『子どもの人権をどうまもるのか』としています。児童福祉法では「権利」としてあるのに，本書のタイトルは「人権」です。あなたは，権利と人権は同じ意味だと思いますか。それとも，重なりつつも異なる側面があると思いますか。

　詳しくは，第2章で学習しますが，人権とは，何かを条件にして認められたり，認められなかったりするというものではなく，人である限りにおいて認められるべきものということができます。

　「権利」には，対義語として「義務」という言葉がありますが，「人権」には対義語がないことがこのことをよく示しています。

　本書を通じて，権利と人権，とりわけ人権ととらえることの重要性について考えいただきたいと思っています。

＊

　もうひとつ，本書を通じて考えていただきたいことがあります。それは，「SDGs」という言葉です。

　SDGsは，国連が，2016年から2030年の15年間の，世界が取り組むべき目標を新たに定めたものです。その目標は，人口爆発，食糧不足，環境破壊，地域紛争などの危機を乗り越え，持続可能な社会・地球を維持していくことにあります。SDGsの目指す社会は，「誰一人取り残さ

ない」社会です。

　子どもは，取り残されやすい存在です。それはどうして生じるので
しょうか。

　そもそも，子どもは，自ら主張する力が弱いため，取り残されやすい
存在です。保護者としての親が，積極的に代弁者（アドボケーター）の
役割を果たさなければ，その声は社会には届きません。関わる大人がそ
れを聞き出すことが必要となります。

　また，多くは保護者である親のもとで暮らしているため，親あるいは
家庭自体が取り残されてしまうと，子どもはそれに巻き込まれてしまい
まいます。さらに，親が適切な養育をしなければ，子どもだけが取り残
されてしまうことにもなります。

　社会的養護のもとで生活している子どもの場合，社会そのものが積極
的な関心を示さなければ，予算確保を含め施策の充実を図ることはでき
ません。

*

　子どもの権利というと，以上のような，「守られる存在」，「あるいは
守るべき側面」が強調されがちです。子どもは育てられる存在であると
同時に，育つ存在でもあります。

　育つということは，自分の意思をもちながら，自分らしく生きていく
ということです。意見を表明したり，社会に主体的に参加したりするこ
と，これもまた保障されるべき人権なのです。

　たとえば，障がいのある子どもの場合，「代弁者」あるいは「保護者」
としての親の意向が重視されやすく，障がいのない子ども以上に，主体
としての子どもという視点は見落とされがちです。

*

　本書は，放送教材と合わせて学習していただくことで，より深く，子どもの人権について理解することができます。貧困，保育，子育て，虐待，子どもの人権が侵されがちな場面，それを支援する人や，その人たちが行使する支援方法，さらには，その際に活用する制度や資源など是非とも関心をもって，学習に取り組んでいただきたいと思います。

2020（令和2）年10月

山縣　文治

目　次

8

1 │ 子ども家庭福祉の基本的枠組み

《**本章の目標＆ポイント**》 子ども家庭福祉は社会福祉の一分野で，子どもとその家庭の福祉を図ることを目的としています。本章では，子ども家庭福祉の基本的考え方，子どもや保護者の見方，さらには成人とは異なる子ども家庭福祉の特性などについて学習します。

《**キーワード**》 子どもという存在，保護者という存在，子ども家庭福祉の意義，子ども家庭福祉の理念，子ども家庭福祉の基本構造

1. 子ども家庭福祉における子ども・保護者

（1）子どもという存在

　子ども家庭福祉における，子どもという存在の見方は，基本的には人間一般の見方に共通しますが，子ども期固有の部分がこれに加わることになります。ここでは，子どもという存在について，一般に誤解されやすい部分を含め，改めてその見方のポイントを提示しておきます。

①一個の独立した人格の主体

　たとえ子どもといえども，独立した人格の主体とみるというのが，子ども家庭福祉の大前提です。心身の発達状況によっては，十分に独立したとはいいがたい状況にあることは事実です。しかしながら，そのことによって，親権者である保護者の意思で，子どもにかかわる重要な事項をすべて決定できるとは考えません。保護者が適切な意思決定をしない場合には，当然のことながら社会的介入がおこなわれることになります。

②受動的人権と能動的人権を同時に有する存在

　人間には受動的人権と能動的人権があるといわれています。これは，子どもも同様です。受動的人権とは，親や社会によって守られ，育てられることをいいます。必要な場合には，社会によって保護されることも含みます。一方，能動的人権とは，自分らしく育ち，生きる権利のことをいいます。自分を表現したり，意見や態度を明らかにしたりする，あるいは個性を発揮する権利ということもできます。

　子どもの人権保障の歴史のなかでは，受動的人権については比較的早くから認識されていました。これに対して，能動的人権は，児童の権利に関する条約（1989年国連採択，1994年日本批准。以下，子どもの権利条約）により，積極的に意識されるようになったものです。児童福祉法にもこれが明記されています。

　今日の課題は，受動的人権の保障のみならず，一人ひとりの発達段階に応じて能動的人権の保障をどのように図るかにあります。

③成長発達する存在

　子どもは成長発達する存在であり，それを家庭や社会から適切に保障されるべき必要があります。その第一義的責任は保護者にありますが，児童福祉法では，これを国や地方公共団体にも同等に課しています。

　子ども家庭福祉ニーズは，人間あるいは子どもとしての存在との関係で，それらが十分に実現していない場合に発生します。たとえば，家庭機能の低下により，社会生活や成長発達が脅かされた場合には，それを代替的，あるいは補完的に保障することが必要となります。一方，家庭機能の回復あるいは向上を図るための支援も必要です。

（2）保護者という存在

①親と保護者の相違

　親のことを保護者という場合があります。児童福祉法では，保護者を**表1-1**のように定義しています。一般には，親権をおこなう者が，親です。ただし，養子縁組を結んだ場合には，実親ではなく養親が，保護者としての「親」になります。未成年後見人は，親が亡くなってしまった場合や，親権が喪失状態や一時停止している場合に保護者となります。児童を現に監護する者には，親等の委託を受けて子どもの世話をしている人が該当します。いずれにしても，親以外も保護者となることができるということを意味しています。

　このように，いくつかの例外があることは意識しつつも，本著では，法律や制度的に明確な場合は除き，親と保護者を区別せず，原則として「保護者」と表記します。

②親権の行使者・子どもの養育の主体としての保護者

　民法では，「成年に達しない子は，父母の親権に服する」（第818条）

表1-1　児童福祉法における保護者の定義（第6条）

　この法律で，保護者とは，第19条の3，第57条の3第2項，第57条の3の3第2項及び第57条の4第2項を除き，親権を行う者，未成年後見人その他の者で，児童を現に監護する者をいう。

出典：児童福祉法

表1-2　親権の効力（民法）

1. 監護および教育の権利義務（第820条）
2. 居所指定権（第821条）
3. 懲戒権（第822条）
4. 職業許可権（第823条）
5. 財産管理権および代表権（第824条）

出典：民法

としており，未成年^{注1)}のものは親権行使の対象となります。

　親権の効力には，**表1-2**に示す5つの中身があります。

　このうち，とりわけ監護および教育の権利義務は，子育てに関連する重要な規定で，「親権を行う者は，子の利益のために子の監護及び教育をする権利を有し，義務を負う」となっています。すなわち，親権は，「子の利益」のためのものであり，権利であるのみならず，義務でもあるということです。

　わが国では，虐待や体罰など不当な養育態度がみられる場合においても，親権の名のもとに，社会的な介入が躊躇されることが現実には多くあります。民法における親権は，親やイエの名のもとに，子どもに対して不当な養育がおこなわれることを制限し，あくまでも子どもの人権が保障された養育が実現されることを目指して規定されているものです。したがって，親の一方的な養育方針を認めるものではありません。養育に関しては，子どもの最善の利益を念頭におきつつ，親の権利や義務との間に適正な調和が図られる必要があります。

　親権の行使があまりにも不適切である場合，家庭裁判所は，親権の喪失や一時停止という判断を下すこともあります。この手続きは，子ども本人，親族，未成年後見人，児童相談所長，検察官などが請求することができます。

③子育て力を高めていく必要がある存在

　妊娠，出産，母乳の生成までは，女性の身体的機能のなかにあらかじめ組み込まれています。妊娠をすれば，身体は出産に向けての準備に入ります。あわせて母乳を出す準備にも入ります。お母さんは，「ぼちぼち子どもが生まれそうだから，母乳を出す準備をしなければ」と考えている訳ではありません。このような意味では，妊娠，出産，母乳の生成は，女性あるいは母親の本能的行為といってもいいかも知れません。

　では，「子育て」はどうでしょうか。最初からある程度上手にできるように，身体の中に組み込まれているのでしょうか。父親よりも母親の方が上手にできるようになっているのでしょうか。そうではありません。みんなが学びながら上手になっていくのです。母という立場であろうと，父という立場であろうと，このことは変わりません。

　少子化，核家族化のなかで，子どもの育ちや子育ての様子をみる機会がどんどん減ってきています。それが，今日の子育て問題のひとつになっていると思われます。いわば，自然に学ぶ機会が減ってきているのです。そうすると，意図的に学ぶことが必要になります。そのためには，学ぶ必要があるという保護者としての自覚と，それを社会的に準備するという地域や行政の姿勢が必要になります。

④家庭を切り盛りする主体という存在

　家庭は，子どもの養育以外にも，収入の維持，家事，近所との付き合い，必要な社会サービスの利用など，さまざまな機能を果たしています。その機能の多くは保護者によって遂行されています。子ども家庭福祉を考える際には，保護者のおかれている，このような全体状況を視野に入れる必要があります。

　加えて，保護者も一人の人間です。仕事，家事，子育てだけでなく，一人の人間としての時間，自分を大切にする時間も重要です。レスパイトやリフレッシュを目的としたサービスも，子ども家庭福祉サービスのひとつであるということです。

⑤機能しなければ交代可能な存在

　親は子どもにとって重要な存在です。しかしながら，さまざまな支援をおこなっても，その機能を果たすことが著しく不適切な状況になった場合，一時的あるいは恒久的に代替の保護者を確保することが必要になります。一時保護，社会的養護，養子縁組などのサービスです。

　生物次元の親を代わりに作ることはできませんが，社会次元あるいは心理次元の育ちに関わる保護者を確保することは可能です。

2. 子ども家庭福祉の意義

　子ども家庭福祉を推進していくことには，さまざまな意義があります。これを，子ども，家庭，地域社会，社会全体という大きく4つの側面から考えてみます。

（1）子どもにとっての意義

　子ども家庭福祉は，何よりも子ども自身のために存在するものです。したがって，その意義は，子ども自身の育ちにおいて，もっとも顕著にあらわれる必要があります。

　既述のように，子どもの育ちは，受動的人権と能動的人権の，両者の基盤のうえに保障される必要があります。子ども家庭福祉は，このような，受動的人権と能動的人権とを包括的に保障する理念であり，政策であり，また実践でもあります。

（2）家庭にとっての意義

　家庭は，子どもの育つ環境であり，また子どもを育てる主体でもあります。したがって，家庭の機能が適切に遂行されていなければ，子どもの育ちも揺らぐことになります。子どもの権利条約や国際家族年（1994）などを経て，保護的な福祉観からの脱却と家庭の民主化の必要性が認識されつつあります。子ども家庭福祉が家庭を視野に入れるべきこと，また，家庭の社会化，社会との協働子育てという視点を加えることが求められているということです。このような社会的な認識の変化もあり，子ども家庭福祉は，家庭の機能が適切に遂行できるよう支援するものとし

て，また，必要に応じて代替するものとして，意義深いものとなっています。

（3）地域社会にとっての意義

　地域社会もまた，子どもの育ちにおいては重要な意味をもちます。第一次産業中心の社会では，地域は生産の基礎を共有する重要な存在でした。また，社会資本の充実していなかった時代の都市部においては，安全と安心を保障するという意味をもっていました。

　ところが，工業を中心とした第二次産業社会，物の消費やサービスの提供を中心とした第三次産業社会を経て，現在では，第四次産業社会といわれることもあるソフトウエア産業，情報通信産業など，物質やエネルギーなどの大量消費を伴わない社会となりつつあります。消費社会やネット社会は，個別性の高い社会であり，人間の直接的なつながりを弱めていく社会です。

　子ども家庭福祉は，このような人と人とのつながりの弱くなっている社会において，親子の育ちにかかわることによって，つながりの必要性を再認識させ，新たな地域社会のありかたを模索するものでもあります。これは，子ども家庭福祉に限らず，高齢者福祉，障がい者福祉，外国人福祉などからもアプローチされており，その総体が地域福祉として開花することが期待されています。

（4）社会全体にとっての意義

　子どもは独立した人格の主体です。一方，社会の側からみると，現在の社会の活力となるだけでなく，将来の社会を支える重要な存在でもあります。子どもは，決して次代を担うために生まれてきたわけではありません。しかしながら，国家や地域社会の持続を考えたとき，子どもが

減少する社会は，それを困難にさせることになります。

　したがって，子ども家庭福祉は，結果として，国家や地域社会を維持していくための重要な意義をもつということになります。

3. 子ども家庭福祉の理念

（1）児童福祉法の基本理念

　子ども家庭福祉の基本理念は，児童福祉法（1947）のなかで明らかにされています。児童福祉法では，第1条から第3条にかけて，児童福祉の理念や原理を定めています（**表1-3**）。

　第1条では，子どもは人権の主体であること，その人権は，子どもの権利条約に準拠することが明示されています。

　第2条では，すべての国民に，子どもの最善の利益（best interests of the child）を考慮しつつ，子どもの健全育成に関する義務を課して

表1-3　児童福祉法の理念

第1条　全て児童は，児童の権利に関する条約の精神にのつとり，適切に養育されること，その生活を保障されること，愛され，保護されること，その心身の健やかな成長及び発達並びにその自立が図られることその他の福祉を等しく保障される権利を有する。 　**第2条**　全て国民は，児童が良好な環境において生まれ，かつ，社会のあらゆる分野において，児童の年齢及び発達の程度に応じて，その意見が尊重され，その最善の利益が優先して考慮され，心身ともに健やかに育成されるよう努めなければならない。 　2　児童の保護者は，児童を心身ともに健やかに育成することについて第一義的責任を負う。 　3　国及び地方公共団体は，児童の保護者とともに，児童を心身ともに健やかに育成する責任を負う。 　**第3条**　前二条に規定するところは，児童の福祉を保障するための原理であり，この原理は，すべて児童に関する法令の施行にあたつて，常に尊重されなければならない。

出典：児童福祉法

います。これは，すべての国民に，それぞれの立場で子どもの基本的人権保障への責任を自覚させるとともに，次世代を担う存在としての子どもの存在意義を明示したものということができます。また，子ども育成の責任は，第一義的には保護者に存するものの，国や地方公共団体にもあることが明記されています。

　第3条は，原理の尊重と呼ばれる項で，第1条および第2条に規定する子ども家庭福祉の考え方は，厚生労働省の管轄のもののみならず，教育，医療，司法など，わが国の子どもに関わるすべての法令において，常に尊重すべきであることを規定しています。

（2）児童憲章の理念

　児童憲章（1951）は，児童福祉法の制定過程では，前文として位置づけられていた時期もありましたが，その後，児童福祉法の理念をより具体化する国民の協約として宣言されたものです。

　その前文では，

　　　・児童は，人として尊ばれる
　　　・児童は，社会の一員として重んぜられる
　　　・児童は，よい環境のなかで育てられる

と，子どもに対する見方を明らかにしています。

4. 子ども家庭福祉の考え方と基本構造

（1）なぜ子ども家庭福祉というのか

　今日では，社会あるいは制度の側が対応すべき問題を決めるというよりも，利用者の意思を尊重した問題の把握やサービスの枠組みが必要となってきています。社会福祉基礎構造改革では，これを利用者本位の制度と呼びました。子どもの福祉に関連する領域では，子どもの権利条約

（1989）や国際家族年（1994）により，個人の主体性を尊重すること，あるいは家庭内の民主化が必要であること，などが強く意識されたことによる影響も大きいといえます。

　これらは，従来の保護的福祉観を大きく転換させ，主体性の福祉観ともいえる，利用者や住民の主体的意思を尊重した福祉観の必要性を明らかにしました。この時期，従来の「児童福祉」という用語から，新たに「子ども家庭福祉」という用語を使うことで，このような福祉観の転換を積極的に意識する必要性が主張されはじめました。

　子ども家庭福祉という言葉は，一般には大きく2つの意味で使われています。第1は，「子どもが幸せに暮らすこと」あるいは「子どもらしい生活をしている状態」など，漠然とした意味で使う場合です。このような意味で子ども家庭福祉という言葉を使う場合を，目標概念あるいは理念型と呼びます。第2は，具体的中身は別にして，何らかの問題を解決するための方策や技術をさす場合です。このような意味で子ども家庭福祉という言葉を使う場合を，実体概念あるいは実体型と呼びます。当然のことながら，科学あるいは政策としての，子ども家庭福祉を考える場合には，後者の意味でこれを使います。

（2）子ども家庭福祉の基本構造

　子ども家庭福祉を考える際には，少なくとも，大きく4つのことを意識する必要があります（図1-1）。

①子ども家庭福祉サービスが取り組むべき問題

　第1は，子ども家庭福祉が対象とする問題です。これをどのように定義するか，すなわち，何を問題と考え，何を問題ではないと考えるかは，時代や立場によって異なります。かつては，福祉の問題は選別主義（selectivism）的なとらえ方が中心でしたが，今日では，問題の普遍化，

一般化に伴い，普遍主義（universalism）的なとらえ方をする場合が多くなっています。

②問題を解決するための社会資源

第2は，問題を解決するための社会資源です。これは，援助資源，サービス，福祉制度と呼ぶこともできます。今日，社会的に求められている，保育所，虐待などに対応する児童養護施設・乳児院などの社会的養護関係施設，障がいのある子どものための福祉施設，さらには，ショートステイやデイサービスなどの在宅福祉サービス，児童相談所や家庭児童相談室などの相談機関など，例示すればきりがありません。

③問題と資源をつなぐ援助者および援助技術

問題が認識され，それに対応する社会資源が整備されると問題が解決するかというと，必ずしもそうではありません。問題に気がついていない，サービスの利用をがまんしている，サービスを知らない，サービスの利用の仕方がわからない，適切なサービスがないなどにより，両者の

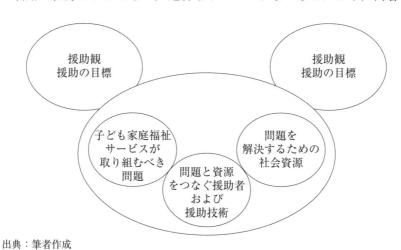

出典：筆者作成

図1-1　子ども家庭福祉の基本構造

間がうまく結びつかなければ効果的な解決を図ることはできません。

問題と社会資源を結びつけるのが，第3の構成要素，援助者であり，その際に使う技術が援助技術です。狭義のソーシャルワークおよびソーシャルワーカーはこの場面で機能します。子ども家庭福祉の分野では，児童福祉司，児童指導員，保育士などがこれにあたります。

④援助観・人間観

最後は，このような援助を何のためにおこなうのか，どのような生活を実現するために援助するのかといった，援助観や人間観です。このなかには，援助者としての価値観や倫理も含みます。

長い間わが国では，公的責任のもとに営まれる社会的ケアと，家族や親族さらには近隣社会を通じておこなわれる私的ケアとの間には，大きな隔たりがありました。わが国最初の社会福祉の法律といわれている恤救規則（1874）では，その前文において，救済の精神と対象を，「濟貧恤救ハ人民相互ノ情誼ニ因テ其方法ヲ設クヘキ筈ニ候得共目下難差置無告ノ窮民」（文意：社会福祉は，本来は住民の相互扶助でおこなうべきものであるが，とりあえず放っておけないような状況にあって，誰にも援助を求めることのできないような貧困者）と規定しています。恤救規則は，その後，救護法，生活保護法と名を変え，内容を拡大していきますが，制度の根幹に常にこのような考え方が見え隠れします。

ところが，近年，このような福祉観が，理論的にも実践的にも否定されるようになりました。すなわち，問題の発生原因を個人や家族にのみ求めるのではなく，社会的な問題としてとらえようということです。福祉サービスの普遍化あるいは一般化とも呼ばれるこの現象は，理論的にはノーマライゼーションや市民の主体性の確立，社会的には少子高齢社会の到来，さらに実践的にはそれに伴う問題の多様化という現実のなかで，加速度的に拡大しています。とりわけ子どもの場合，問題の多くは

親の生活状況に起因するものであり，子ども自身にのみ原因がある場合
はまれです。

〉〉 注

1）民法による未成年の定義は，2022 年 3 月までは「20 歳未満のもの」ですが，
同年 4 月からは「18 歳未満のもの」に変わります。これに合わせて，子ども（児童
等）が 18 歳未満に変わるものもあれば，現状のまま 20 歳未満となるものもありま
す。個々の制度については，それぞれ学習してください。

①あなたは，子どもをどのような存在だと考えますか。
②親権の効力としての懲戒権について，あなたはどう考えますか。

参考文献

● 網野武博（2002），児童福祉学：「子ども主体」への学際的アプローチ，中央法規出版

　【概　要】心理学・教育学・法学・社会学・生物学など学際的な視点から，また，理念・法制度・臨床・方法などさまざまなレベルから「児童福祉」を検証し，子ども主体の福祉の捉え方を明らかにした研究書。

● 柏女霊峰（2018），子ども家庭福祉論［第5版］，誠信書房

　【概　要】社会福祉士の資格取得を希望する人のために，子ども家庭福祉全般について制度の現状・理念・方法等をわかりやすく解説した入門書。

● 吉田幸恵・山縣文治編（2018），新版よくわかる子ども家庭福祉，ミネルヴァ書房

　【概　要】子ども家庭福祉を学ぶ人のための入門書。見開き型で構成され，必要なところだけを抜き出して読むことができます。

2 子どもの人権保障の歩み

《**本章の目標＆ポイント**》　第1章で解説したように，子どもは育てられる存在であると同時に，育つ存在でもあります。これを子どもの人権として社会的に保障していくというのが，子ども家庭福祉施策や実践の意味するところになります。本章では，子どもの人権の意味するところと，人権保障の歩みについて学習します。

《**キーワード**》　社会福祉の原初形態，子ども観，子どもの権利保障の歩み，子どもの権利条約

1. 社会福祉の原初形態

（1）原初形態の意味

　原初形態は，今日の子ども家庭福祉施策や実践のルーツという意味です。換言すると，福祉的な行為や考え方は，何から始まったのかということです。今日では，子ども家庭福祉，高齢者福祉，障がい者福祉，低所得者福祉，地域福祉などのように，対象別の個別分野が存在し，それぞれに対応したサービスの体系が存在しています。しかしながら，初期の段階ではこれらは未分化であり，ひとつの仕組みのなかで，機能していました。したがって，子ども家庭福祉の歩みを理解するには，社会福祉の歩みを理解する必要があります。ここでは，その基本を理解することを目的として，社会福祉の原初形態について，簡単に紹介しておきます。

　社会福祉の原初形態をもっとも明確に示しているのは，財団法人中央

社会事業協会発行の『日本の社会事業』です。ここでは，「社会事業実施の動機」という項目を設け，人間の本能，社会共同意識，宗教的立場，行政的立場という4つの方向から検討しています。これを現代風に解釈すると，以下のようになります。

（2）相互扶助としての福祉

　社会共同意識は，相互扶助による福祉です。これは，知り合いの間に働くお互いの助け合いであり，おそらく人間が社会生活を営み始めた当初から存在していたものと考えられます。相互扶助のもっとも小さい単位は，家族であり，少し大きくなると親族や，地域社会，あるいは各種の仲間集団，企業ということになります。

（3）宗教活動としての福祉

　宗教的立場とは，宗教行為もしくは宗教的な動機に基づく福祉です。ほとんどの宗教の教義には，その方法や目的は異なりますが，人びとの救済が含まれています。多くの場合，信仰そのものが神や仏からみれば救済であると同時に，自らを高めるための努力や，周辺の他者に広げていくことを求めています。隣人愛，博愛，慈善，作善などです。

（4）政策としての福祉

　行政的立場は，政策としての福祉です。政策としての福祉は，国家が成立していることが前提となりますので，比較的新しいものといえます。世界の歴史では，イギリスのエリザベス救貧法（1601）が最初の体系的法律であるといわれています。日本では，明治政府による恤救規則（1874）がこれにあたります。これらは，いずれも救貧対策としての政策であり，社会福祉，社会保障あるいは社会政策の原初形態といわれます。

（5）人間愛としての福祉

　以上3つの原初形態は，第一義的には「ウチ」なる関係に機能することを特徴としています。相互扶助は，機能的な相互関係が認知されている人間関係の中で働くものですし，政策は国家，国民を越えて展開することは本来例外です。国民に対する責任は，国家が果たすのが大前提です。宗教ももともとは信仰という関係のなかで機能するものです。

　「ウチ」関係で機能するものは保守的，妥協的になりやすく，想定していないような事態が起こると，機能しなくなる可能性があります。それを超えるためには，「ウチ」なる関係を超えて対応できる，自由な思想に基づく行動，あるいは現状を批判的にとらえ，改革しようとする思想が必要となります。たとえば，地震や風水害などで，日常の支援である相互扶助や政策などが十分に機能していないなどと感じたとき，ボランティア的活動が始まります。日常のボランティア活動ではなく，非日常の緊急対応です。あるいは政策が間違った方向に進んでいっていると感じたとき，社会運動を組織し，政策の修正を求めるなどのアクション

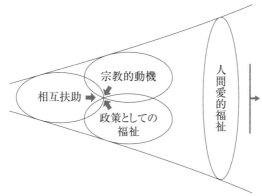

出典：筆者作成

図 2-1　社会福祉の原初形態

を起こす人もいます。これらは，人間の本能的な危機対応機能であり，人間愛に基づく行動ということもできます。

　このように「ソト」関係にも働く人間愛的福祉なるものの特徴は，独立して存在するというよりも，たとえば，危機的状況に直面したときには他の３つの動機に対して，併行的に機能するところにあります。いわば福祉の推進力であり，「人間の本能」と表現されたものに重なると考えられます。これらを図式化したのが，**図2-1** です。

2. 子ども観の変遷

（1）古代・中世の子ども観：大人の所有物から小さな大人

　個人よりも集団や社会が優先する古代社会においては，子どもは集団あるいは社会の考え方によって，かなり多様にとらえられていました。これらに代表される古代の共通の子ども観は「大人の所有物」という見方です。

　中世に入ると貴族社会を中心に，子ども自身に大人と同じような立ち振る舞いあるいは考え方を求めるという，いわゆる「小さな大人」という子ども観が広まっていきました。ここでも子どもたちは，固有の存在あるいは子ども期という時期が認められるのではなく，やはり大人の価値観に基づく存在として位置づけられていました。

（2）近代的子ども観の萌芽：子どもの発見

　近代的子ども観の特徴は，その目的のいかんを問わず，子どもが子どもとして意識されはじめたことにあります。

　思想面でみると，17 世紀のコメニウスにはじまり，18 世紀から 19 世紀にかけては，ルソー，ペスタロッチ，フレーベルなどの教育学者あるいは教育思想家が，子どもを大人とは違う固有の存在としてとらえ，そ

れに対する社会的な対応の必要性をそれぞれの立場から主張しました。

　たとえば，ルソーは，『エミール』のなかで，「子どもは獣であっても成人した人間であってもならない」，「子どもの時期を子どものうちに成熟させるがいい」，と記しています。このような考え方は，「子どもの発見」としてその後広く知られることになりました。

（3）政策の対象としての子ども

　子ども期という発達の段階が確認されることと併行して，子どもが保護・養育される段階であるという認識も高まっていきます。1601年に制定された英国の救貧法は，保護の対象として，有能貧民[注1]，無能貧民[注2]に加え，子どもを位置づけました。産業革命が進行してくると，工場法（1833）によって，子どもは過酷な労働から保護されるという政策も登場します。

　子どもたちへの積極的関心が高まるのは20世紀に入ってからになります。とりわけ，スウェーデンの教育学者，ケイ.Eが著した『児童の世紀』はまさにそれを端的に示す言葉として，その後世界的関心を呼びました。

　この時期アメリカ合衆国においては，1909年，セオドア・ルーズベルト大統領が第1回の白亜館会議を招集しています。このテーマが「子どもに関する白亜館会議」であり，家族政策という考え方も芽生えることになります。

　以上のように，この時期，欧米諸国においては，子どもに対する関心が高かった様子がうかがえます。政策の対象としての子どもは，貧困（日常生活保障），労働搾取からの保護，教育の享受という3つに代表されるものでした。

3. 子どもの権利の考え方とその保障の歩み

（1）権利と人権

　権利と人権，日頃はあまり区別せずに使っている場合が多いと思いますが，両者の意味には，重なる部分と異なる部分があります。**表 2-1** に示す２つの文章を比較しながら声を出して読んでみてください。どちらかの文章に，違和感がありますか。

　権利は，社会のなかの秩序やルールにしたがって，人間やその集団が生きていくうえで必要なことを主張し享受する力，ということができます。秩序やルールの多くは，法律や条例などで，国民や住民も共有していることが大前提です。したがって，義務を果たしていなかったり，制度が課した要件を満たしていなかったりすれば，権利を行使できないということも起こります。たとえば，医療保険の保険料を納付していなければ，保険に基づくサービスの利用はできません[注3]。また，国民年金の保険料を納付していなければ，20 歳以上で障がいになっても，障害基礎年金は給付されません[注4]。

　一方，人権という考え方の根底には，強者から弱者を保護するという思想があります。人権思想は中世社会において発展したといわれますが，これは王室の権利（王権）に対する市民の権利（人権）の保護を意味するものです。すなわち，人権は，「弱き者」の立場の確保を目的として，庶民が「強き者」から獲得した譲歩であって，すべての人に無条

表 2-1　権利と人権

1．義務や責任を果たさないものには権利は認められない。
2．義務や責任を果たさないものには人権は認められない。

出典：筆者作成

件に保障されるべきものです。

　憲法第97条には，「この憲法が日本国民に保障する基本的人権は，人類の多年にわたる自由獲得の努力の成果であって，これらの権利は，過去幾多の試錬に堪へ，現在及び将来の国民に対し，侵すことのできない永久の権利として信託されたものである」という規定があります。「多年にわたる自由獲得の努力の成果」，「侵すことのできない永久の権利」注5）という表現は，人権の性格をよく表しています。

　すなわち，人権とは，何かを条件にして認められたり，認められなかったりするというものではなく，人である限りにおいて認められるべきものということができます。「権利」には，対義語として「義務」という言葉がありますが，「人権」には対義語がないことがこのことをよく示しています。

　子どもは人格の主体であっても「弱き者」と考えざるをえない部分があります。したがって，子どもにおいては，多くは権利ではなく，人権と考えるべきです。その相手である「強き者」は，社会や保護者と考えてよいでしょう。子どもの権利条約でも，「権利」という用語が使われていますが，趣旨としては「子どもの人権条約」と理解する必要があります。これにならい，本著でも，原則として「子どもの権利」と表記していますが，意味合いは「子どもの人権」であることをお断りしておきます。

（2）子どもの権利保障の歩み

①世界児童憲章

　20世紀には，子どもも巻き込んだ世界的な戦争が繰り返されました。局地戦争は今でも留まるところがなく，子どもが犠牲になったり，子ども自身が戦争に参加したりする状況も少なくありません。

　世界的な戦争の端緒として位置づけられる第一次世界大戦は，ヨーロッパを中心に子どもを含む多くの犠牲者を出しました。それに対する反省が，児童救済基金による世界児童憲章（1922）といえます。この憲章の前文は「……児童を困難から護ることは，社会の一大関心でなくてはならないこと，および苦境期における児童の最も確実な保護は，高い水準の児童教育と正当なる状態における保護を与えることにあることを信ずるものである」とうたい，総則4条と本文28条から子どもの権利を明らかにしています。具体的には，教育と日常生活の保護を基本に，生命や戸籍に関する権利，労働搾取からの保護，障がいのある子どもに対する権利などが規定されています。

②ジュネーブ（児童権利）宣言

　世界児童憲章の精神は，その後の国際連盟のジュネーブ宣言（1924）に引き継がれました。ここではそれを，人類が子どもに対して最善のものを与える義務，危機における最優先の救済，などの言葉で表現していますが，その内容は，栄養，医療，保護，教育，住宅といった，いわば生存権あるいは生理的ニーズに近いレベルでの保護にすぎませんでした。

③（ニューヨーク）児童権利宣言

　その後発生した第二次世界大戦でも，子どもたちは引き続き犠牲となりました。ユダヤ人の集団大規模迫害事件で知られるアウシュビッツ収容所や，それに抵抗し子どもを守ろうとしたコルチャックの存在などは，世界的に知られた事実です。日本でも，教育の機会を奪われ，戦場に駆り出された若者や，空襲や原爆により亡くなったり，心身の障がいを負ったりした子どもが多くいました。

　終戦後結成された国際連合は，子どもだけでなく，広く人類全般に対する反省を込め，国連憲章（1945），世界人権宣言（1948）と，相次い

で人権擁護の姿勢の宣言等を明らかにします。

　さらに国連では，子ども固有の権利宣言をということで，（ニューヨーク）児童権利宣言（1959）が採択されます。これは，ジュネーブ宣言を基礎にして，新たな原則を追加したものです。この宣言の前文では「児童は，身体的及び精神的に未熟であるため，その出生の前後において，適当な法律上の保護を含めて，特別にこれを守り，かつ，世話することが必要である」とし，子どもへの特別な関心の必要性を宣言しています。ただし，これはせいぜい救済型から保護型への転換であって，社会福祉の展開からすると，必ずしも画期的といえるほどのものではありません。その理由のひとつは，子どもへの関心の背景を「未熟さ」に対する保護に求めていることによると考えられます。

　④国際人権規約

　社会的弱者に対する保護的な人権観から，人間としての包括的権利保障への転換をはかる動きは，1960年代から活発になります。これを，人類全般に共通する人権として普遍化したのが，国際人権規約（経済的・社会的及び文化的権利に関する国際規約[注6]，市民的及び政治的権利に関する国際規約[注7]，市民的及び政治的権利に関する国際規約についての選択議定書[注8]，1966）です。

　この規約は年齢を規定するものではなく，すべての人間に共通の人権を規定するものですが，ここでも子どもに関する人権・権利は必ずしも十分に組み込まれているわけではありませんでした。このことは，自由権規約の規定「すべての児童は，……未成年者としての地位に必要とされる保護の措置であって家族，社会及び国による措置についての権利を有する」（第24条）にみられるように，「未成年者」としての子どもという見方，すなわち完成者，成熟者としての成年に達していない存在という見方に典型的です。

（3）子どもの権利条約

①子どもの権利条約の成立

　子どもの権利観を大きく変えたのは，児童権利宣言を基本に，国際人権規約を視野に入れながらまとめられた，子どもの権利条約（Convention on the Rights of the Child, 1989）です。

　国際人権規約が発効となった 1976 年，国際児童年に関する決議が採択されました。児童権利宣言採択 20 周年を記念して，1979 年を国際児童年とするというものです。これと併行して，児童権利宣言の条約化が検討されることとなりました。

　子どもの権利条約は，この宣言採択 30 周年記念日となる 1989 年 11月 20 日に国連総会で採択され，1990 年 9 月 2 日発効となっています。日本は，1994 年 4 月 22 日，158 番目の批准国となりました。2020 年 1月 1 日現在の加盟国・地域は，国連加盟国・地域 197 のうちの，アメリカを除くすべての国と地域です。アメリカは，1995 年に署名していますが，批准はしていません。

　この条約は，ジュネーブ宣言，児童権利宣言と展開してきた子どもの権利保障の歩みのうえに，現代的な状況を踏まえ，条約という拘束力のあるものに拡充したということができます。英語表記が「the Rights of

表2-2　子どもの権利条約の特徴

【生きる権利】すべての子どもの命が守られること
【育つ権利】もって生まれた能力を十分に伸ばして成長できるよう，医療や教育，生活への支援などを受け，友達と遊んだりすること
【守られる権利】暴力や搾取，有害な労働などから守られること
【参加する権利】自由に意見を表したり，団体を作ったりできること

出典：ユニセフ日本協会，ユニセフと「子どもの権利条約」
https://www.unicef.or.jp/about_unicef/about_rig.html，2019.5.4 閲覧

the Child」とあるため，日本語訳では「権利」と訳されていますが，本章ですでに検討したように，文脈からすると，これは「人権」と解すべき用語です。

　ユニセフ関係者は，この条約で規定された子どもの権利の特徴を**表2-2**に示す4つにあるとしています。また，網野武博は，受動的権利と能動的権利という分類を用い，能動的権利保障の必要性を強調しています。両者の関係を整理すると，生きる権利および守られる権利はおおむね受動的人権に，育つ権利および参加する権利はおおむね能動的人権に分類されます。さらにこれを国際人権規約と関連させると，受動的人権は社会権に，能動的人権は自由権に関連が深いものです。

②子どもの権利条約の内容および特徴

　採択された条約は，13段に及ぶ前文と，3部構成で全54条からなっています。この条約でいう児童は，18歳未満の者とされています。

　子どもの権利条約の最大の特徴は，従来ほとんど重視されてこなかった，参加に関する権利あるいは能動的権利など，子どもの自由権にスポットをあてたところにあります。具体的には，意見表明権，表現の自由，思想・良心・宗教の自由，結社・平和集会の自由，プライバシー・通信・名誉などを保護される権利などに特徴がみられます。これらは「保護される存在としての子ども」という子ども観から，「固有の人格主体，権利主体としての子ども」という子ども観への転換を意味するものです。

③選択議定書

　2000年，国連は，子どもの権利条約に関連して，2つの選択議定書を採択しました。ひとつは，「武力紛争における児童の関与に関する児童の権利に関する条約の選択議定書」，もうひとつは「児童の売買，児童売春及び児童ポルノに関する児童の権利に関する条約の選択議定書」で

す。

　前者は，条約第38条に規定する，軍隊に採用することができる下限
年齢に関するもので，「15歳以上」を「原則として18歳以上」にする
という趣旨のものです。日本は，2004年（75番目の締約国）に批准し
ています。後者は，児童の売買，児童売春，児童ポルノに関する取り組
みを拡大するもので，日本は，2005年（90番目の締約国）に批准して
います。

　さらに，2011年，国連は3番目の選択議定書，「通報手続に関する選
択議定書」を採択しました。これは，子どもの権利条約や，上記選択議
定書に関して，締約国が抵触していると感じた場合に，人権侵害を受け
た個人あるいは集団またはその代理となるものが，通告する際の手続き
を規定するものです。2020年4月現在で46か国が批准していますが，
日本はまだ署名段階に至っていません。

〉〉注

1）able bodied poor：働くことができる心身の状況にあるにもかかわらず貧困であるもの。

2）impotent poor：高齢，病気，障がいなどで，働くことができにくい状況にあるため貧困であるもの。

3）ただし，医療保険未加入は子どもの責任ではないので，子どもについては，後段の「人権」視点から，保護者からの請求にもとづいて，特別な被保険者証が公布されることがあります。

4）2022 年から，成人年齢が 18 歳以上に引き下げられますが，保険料の納付は 20 歳以上のままで，変更はありません。学生等で保険料納付が困難な場合，学生納付特例を申請すると納付が猶予されます。過去に遡って適用を受ける場合には，所定の要件を満たす必要があります。もし未加入であった場合，特別障害給付金を受けることができる場合があります。

5）「永久の権利」という表現は，憲法第 11 条にもみられます。

6）通称社会権規約または A 規約。

7）通称自由権規約または B 規約。

8）通称 C 規約。この規約については，日本は批准していません。

 **学習の
ヒント**

①子どもの権利条約の成立にあたって，ヤヌシュ・コルチャック（Janusz Korczak）が果たした役割について考えてみましょう。

②子どもの権利条約と児童福祉法との関係を説明してみましょう。

引用文献

- 中央社会事業協会（1938），日本の社会事業，中央社会事業協会，14-26
- ルソー．J．J（1760），エミール，今野一雄訳（1962/2008第76刷），岩波書店，146・173
- ケイ．E（1990），児童の世紀，小野寺信・小野寺百合子訳（1979），冨山房文庫
- 網野武博（2002），児童福祉学：「子ども主体」への学際的アプローチ，中央法規出版，72-75

参考文献

- 日本弁護士連合会子どもの権利委員会（2017），子どもの権利ガイドブック【第2版】，明石書店
  【概　要】子どもの権利条約をベースに，子どもの権利を，教育基本法，少年法，児童福祉法，児童虐待防止法等の法改正，いじめ防止対策推進法など，多角的視点から解説したもの。
- 柴田義守（1985），社会福祉の史的発展―その思想を中心として，光生館
  【概　要】社会福祉のルーツを，相互扶助，宗教的動機，国家におる政策，という3つの視点から明らかにした研究書。
- 塚本智宏（2019），コルチャックと「子どもの権利」の源流，子どもの未來社
  【概　要】コルチャックは，第二次世界大戦時のドイツ・ナチスにおけるユダヤ人差別に抗して子どもを守り抜こうとした人。子どもの権利条約成立に思想的影響を強く与えました。

3 | 生きづらさのなかにある 子どもの生活

《**本章の目標＆ポイント**》 生きづらさ，あるいは生活のしづらさは，本人ら
しい生き方を阻害する可能性が高くなります。
　本章では，それがなぜ生じるのか，実際に親子の生きづらさがどのような
現象として現れているのか，さらには，それがなぜ問題なのか，などについ
て学習します。
《**キーワード**》 生活のしづらさ，子どもが育つ3つの場，子どもの育ちとし
ての環境，少子高齢社会

1. 子どもの育ちと環境

（1）子どもの育ちの場としての環境の構造

　福祉の問題は，人間が社会生活をするうえでの困難により生じます。
人間は，関係性のなかで生きる存在です。関係とは，人間と環境との接
点で生じる相互作用[注1]（interaction）や交互作用[注2]（transaction）
を意味します。
　生活のしづらさは，このような人間・家庭と環境との間の関係が円滑
に営まれていないことにより生ずると考えられます。子どもの生活のし
づらさは，子ども自身に責任があるのではなく，このような環境自体が
抱える困難さや，環境との関係により生じるものです。とりわけ，家庭
が置かれている状況と大きく関係しています。

（2）子どもが育つ３つの場

　子どもが育つ過程（社会化）では，家庭（第一次社会化の場），地域社会（第二次社会化の場），学校等（第三次社会化の場），が大きな意味を持ちます。さらに，これら全体に影響する環境として，自然環境や社会環境が存在します。子どもは，このような多様な環境と出会いながら，成長していくことになります。

　子どもの育ちの第一歩は家庭から始まります。西洋の事情を見聞し，慶應義塾大学を作った福沢諭吉は，「故に一家は習慣の学校なり，父母は習慣の教師なり。而して此習慣の学校は，教授の学校よりも更に有効にして，実効を奏すること極て切実なるものなり」という言葉を残しています（福沢 1878/1959：399）。

　さらに，子どもは大きくなるにつれ，家庭だけではなく，地域社会との関係のなかで生きていくことになります。地域住民や地域環境が子どもの社会化に影響してくるということです。これを第二次社会化の場といいます。公園，お寺や神社の境内，児童館，路地裏，子ども仲間，地域住民との交流など，子どもを取り巻くインフォーマルな環境が，子どもの育ちを支えているということになります。

　第二次社会化の場は，子どもが初めて出会う，家庭とは異なる小さな社会であり，日常的な生活場面を通じて，非意図的に社会化をおこなうことが多く，子どもだけでなく，親も含めた育ちの場ということができます。

　フォーマルな立場で，子どもの社会化をおこなうのが，学校，保育所，認定こども園，幼稚園などの社会制度です。これを第三次社会化の場といいます。第三次社会化の場は，社会人として生きていくための基礎知識を，多くの場合，意図的な学習等を通じて提供するところに特徴があります。

　一般的には，このような３つの社会化の場を通じて子どもは育ちますが，近年は，家庭の機能低下，地域社会の福祉力の低下が指摘されています。すなわち第一次社会化の場と第二次社会化の場という，子どもの育ちの初期段階の機能が低下しているということです。

　そのため，両者の機能を回復する支援をおこないつつも，それを代替する社会施策が必要となってきています。保育所や幼稚園における子育て支援機能の強化や，NPOなどの市民活動による新たな社会資源の創出などです。言い換えると，拠点としての地域社会，人材や社会資源としての地域社会が改めて注目されているということです。

　この場合の地域社会は，かつてのような地縁的な意味だけではなく，機能としてのコミュニティという視点が重要になります。仲間というふうに言い換えてもいいかも知れません。

　これらを図式化したのが，**図 3-1** になります。

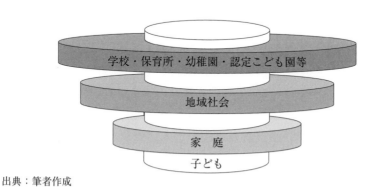

出典：筆者作成

図 3-1　子どもの育ちの場としての環境の構造

2. 生活のしづらさの背景にある少子高齢社会

（1）少子高齢社会の状況

①少子高齢社会の指標

　子どもや家庭の生活のしづらさは，進行し続ける少子高齢社会に起因するものが多くあります。

　日本では，この30年ほど前から少子高齢化が進んでいます。少子高齢社会は，少子化と高齢化が同時に進行する社会のことをいいます。少子高齢社会の特徴は，少子社会を示す指標，高齢社会を示す指標，人口構造全体を示す指標，の大きく3つであらわすことができます。少子社会を示す指標には，出生数，合計特殊出生率[注3)]，年少人口指数[注4)]，高齢社会を示す指標には，平均寿命，老年人口指数[注5)]，人口構造全体を示す指標には，人口ピラミッド，従属人口指数[注6)]，などがあります。

②出生数の動向

　厚生労働省の発表によると，2018年の年間出生数は92万人台で，2022年には，70万人台になると予想されています（厚生労働省2022）。第1次ベビーブームの時期で270万人，第2次ベビーブームでも210万人の出生数でした。しかしながら，その後，第3次ベビーブームの到来はなく，ひたすら減少している状況です（**図3-2**）。

　合計特殊出生率は，第2次ベビーブーム以前から減少し続けていましたが，この10年間はやや回復基調にあり，現在は1.4台の前半となっています。

　出生数の横ばいは，合計特殊出生率が人口置換水準[注7)]である2.07に達しなければ起こりません。そうすると，急激な出生数の減少のあとは，出生数が安定したり，上昇したりするわけではなく，緩やかに減少し続けるにすぎないということになります。

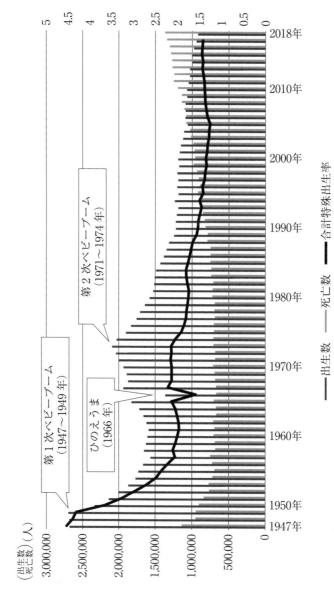

図 3-2　出生数の動向

出典：社会保障・人口問題研究所（2018）

　少子化は，日本国内で一律に起こるのではなく，地域差があります。地域差は，単純な出生数の低下だけでなく，社会移動によってさらに加速します。子ども自身の友だちや同世代の親の減少などがこれらによって生じることになり，一層生活のしづらさを高めることになります。

③従属人口の推移

　図3-3は，年少人口指数，老年人口指数，従属人口指数の関係を示したものです。この図では，長い間，差があった年少人口指数と，老年人口指数が1990年代半ばで逆転し，その後は一方的にその差が開き続けています。また，従属人口指数は，同じく1990年代から上昇し始めていますが，その中身は，老年人口の増加によるものであることがわかります。従属人口指数自体は，1960年代前半までも5割を超えていましたが，当時は年少人口中心の従属人口であり，現在とはその中身が異なることがわかります。

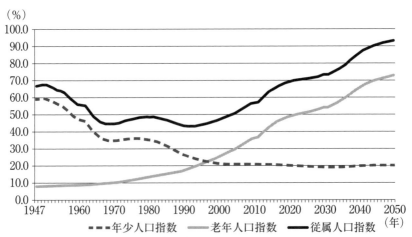

出典：社会保障・人口問題研究所（2018）

図3-3　従属人口指数等の推移

　大雑把にいうと，従属人口とは生産活動よりも，社会サービスを含め消費活動のほうが多い世代，生産年齢人口はその逆の世代ということです。日本は，生産年齢人口世代に社会を維持していくための負担が高くなっているということであり，かつ，当面この状況がさらに深刻化していくと推測されます。

（2）少子高齢社会化を促進している要因

　急激に少子高齢化が進んでいる背景には，いくつかの要因が考えられます。高齢化は，保健・医学的要因によりそのほとんどを説明できますが，少子化はきわめて社会的な問題であり，夫婦あるいは個人の選択的要因もかなり大きいといえます。このような少子化の要因は，大きく3つに分けてとらえることができます。これらが相互に関係しあいながら少子化は進んでいると考えられます。

①男女の社会的不平等に関わる要因

　第1は，男女の社会的不平等が存在しているということです。子育てや家事は，長い間，女性の役割として位置づけられてきました。男女共同参画社会基本法の制定などにより，かつてよりは少なくとも職場における環境は整えられつつありますが，制度的な取り組みと，男女それぞれの個人的意識との間には，まだまだ大きなギャップが存在します。

　就労を通じた女性の社会進出が進むなかで，受け皿としての職場が，子育てをする女性の就労を阻害する環境にあると，かつては就労をあきらめることが少なくありませんでした。しかしながら，今日では，就労の継続を選択し，結婚そのものを忌避したり，延期したりするという選択をおこなうものも増えてきています。

　子育てをしながら，就労を継続するとなると，育児休業制度や保育サービスなどの社会的支援が必要となります。この20年間で，制度的

な整備は格段に進んでいますが，保育所等の待機児の存在や男性の育児休業のとりにくさなど，子育てと就労の両立を実現できるような社会状況にはまだまだなっていません。

②婚姻に関わる要因

第2は，婚姻時期が相対的に遅くなってきていることです。女性の高学歴化は，継続して安定した職業につきたいという希望者を増加させました。職業的安定は，経済的安定をもたらすこととなり，女性の社会的地位が相対的に向上することになります。婚姻時期の遅延は，このような状況とも関係していると考えられます。1950年には23.0歳であった女性の平均初婚年齢は，1977年には25歳を超え，2018年には29.4歳と，30歳目前の状況となっています（社会保障・人口問題研究所 2018）。

また，男女別生涯未婚率は，男性の場合，1980年代半ばから急激に上昇しはじめ，すでに23.4％となっています。女性の場合も，同時期頃から徐々に上昇し，14.1％となっています。さらに，2040年には，男性29.5％，女性18.7％と，生涯未婚を通す人がかなり増えると予想されています（内閣府 2019）。

また，たとえ結婚しても，出産をしない，あるいは子どもを多くは産まないという選択をする夫婦も増えてきています。すなわち，婚姻関係や子育てに拘束された生活よりも，一人の女性として生きていくことを志向するというものです。非婚[注8]志向者のなかには，戸籍制度としての婚姻関係を否定し，共同生活，夫婦別姓婚などの事実婚を選択するものもありますが，いずれにしてもこのような関係のなかでは，子ども数が少なくなる可能性が高くなります。

③子どもを育てることに関わる要因

第3は，子どもを育てることに関わる要因です。子どもをあまり産まない理由の一部は，すでに示した2つの要因とも大きく関連しています

が，その他にも，さまざまな要因が指摘されています。たとえば，①養育費や保育・教育費などの経済的負担，②母親が子育てとは異なる自分自身の成長や生きがいに費やすことのできる自由時間の減少や，心身のゆとりの欠落からくる心理・精神的負担，③子どもの世話に実際に大きな労力がかかることからくる身体的負担，④子育ての実質的責任が母親にかかっているという家庭内ジェンダー問題，⑤子どもの将来の生活像に夢がもてないこと，などです。

　以上のようなさまざまな要因が，さらにお互いに作用し合って，わが国の少子化は進んできました。このような要因への抜本的な対応策を社会的に準備できていない今日，少子化はさらに進んでいくものと予想されます。

3.　今日の社会状況と生活のしづらさ

　子どもの福祉問題は，政策としての福祉が成立して以降，つねに意識されてきたものです。しかしながら，具体的な問題や生活のしづらさの場面は，その時代の状況によって異なります。ここでは，現代社会の特徴である少子高齢社会そのものが抱える問題，子どもの育ちにおける問題，子どもが育つ場面における問題などについて概観します。

（1）少子高齢社会の問題
　日本の人口動態の特徴は，人口減少，少子化，高齢化という3つの現象が，同時に進行する点にあります。このような状況を踏まえ，国では，少子化を意識した計画から，少子高齢社会全体を視野に入れた社会のあり方を模索する社会保障全体の改革への取り組みが始まっていますが，少子化はいまだ克服できたといえる状況にはありません。

　少子高齢社会がもたらす生活のしづらさの一側面は，人口の高齢化に

よる社会保障負担の増大です。これは，事実上，生産年齢人口の生活を
圧迫する事になり，年少人口の将来の生活に不安を与えることにもなり
ます。このような状況が，若年世代の社会保障制度非加入者の増加，結
婚への 躊躇感，あるいは出生数抑制の要因のひとつになっていると考
えられます。すなわち，家族の生活しづらさが，出生数に影響を与えて
いるということです。

　前節の**図3-3**で，人口3区分の年次推移による，各種の指数を示し
ました。このうち，老年人口指数は，生産年齢人口に占める老年人口の
割合を示すものでした。これを，老年人口を1にして，生産年齢人口の
人数を示すと，一人の高齢者を支えるために必要な生産年齢人口がわか
ります。これによると，今から50年ほど前の日本社会は，一人の高齢
者に対して9人程度の生産年齢人口が存在し，一人の生産年齢人口にか
かる負担が少ない社会（神輿型・胴上げ型社会）でした。これが，今か
ら10年前には約3人で一人という社会（騎馬戦型社会）になり，さら
に30年後には一人強で支える社会（肩車型社会）がやってくると予想
されています（**図3-4**）。

1965年（神輿型・胴上げ型社会）　　2012年（騎馬戦型社会）　　　　2050年（肩車型社会）

| 65歳以上1人に対して，20〜64歳は 9.1人 | 65歳以上1人に対して，20〜64歳は 2.4人 | 65歳以上1人に対して，20〜64歳は 1.2人（推計） |

出典：社会保障・人口問題研究所（2018）をもとに作成

図3-4　生産年齢層の社会的負担

　このような人口構造の変化は，これまでの社会保障のあり方を大きく変える必要性を示しています。

（2）子どもの成長・発達をめぐる問題

　子ども期は，心身の成長発達の著しい時期です。遺伝と環境，成熟と学習のプロセスを経て，子どもは，身体的特性，情緒的特性，社会的特性などを個々に獲得し，それぞれの個性を身に付けていきます。

　今日では，子どもの身体的発達における問題点は，かつてに比べるとかなり減少していますが，生活習慣病，アトピー，皮膚病，肥満など，環境や食習慣との関連が疑われる病気，近眼など，日常生活のあり方との関係が疑われる病気については増加傾向にあります。

　また，情緒面や社会性の発達は，身体的発達以上に今日では大きな問題となっています。人間は，基本的な発達課題を達成しながら成長する

表 3-1　死亡理由

	第 1 位	第 2 位	第 3 位
0 歳	先天奇形等	呼吸障害等	不慮の事故
1〜4 歳	先天奇形等	不慮の事故	悪性新生物
5〜9 歳	悪性新生物	不慮の事故	先天奇形等
10〜14 歳	悪性新生物	自　殺	不慮の事故
15〜19 歳	自　殺	不慮の事故	悪性新生物
20〜24 歳	自　殺	不慮の事故	悪性新生物
25〜29 歳	自　殺	不慮の事故	悪性新生物
30〜34 歳	自　殺	悪性新生物	不慮の事故
35〜39 歳	自　殺	悪性新生物	心疾患
40 歳以上	悪性新生物	自　殺	脳血管疾患

出典：社会保障・人口問題研究所（2018）

存在であるといわれますが，基本的発達課題が十分に達成できないままに，身体あるいは暦年齢のみが成長し，両者の間のバランスが失われているものも少なくありません。いわゆる心のケアの必要な子どもです。

　このような結果が，子どもの自殺（自死）などに現れています。2018年の人口動態統計調査の年齢5歳階級区分別死亡原因をみると（**表3-1**），「15〜39歳」の人たちの死因の第1位は自殺となっています。「10〜14歳」でも2位であり，思春期から青年期の子どもや大人の生きづらさが顕著になっています。このような傾向は男女で大きな差はありません。

（3）家庭生活における問題

　自信の喪失は子どもばかりではありません。育てる親もまた，自信を喪失しています。母親の生活は，時間的にも精神的にもきわめて窮屈なものとなっています。とりわけ，子どもが小さいうちは親子で家庭のなかに閉じこもりがちであり（子育ての密室化），ストレスは一層高まります。地域社会には仲間が少なくなり，LINE やチャットなど，SNS を通じた空間でしか仲間を見いだすことのできないものも少なくありません。

　一般に，社会とのつながりの希薄さがストレスを生じさせるといわれます。このようなストレスや自信喪失は，有職主婦よりも専業主婦に多いという結果が報告されています。ストレスや自信の喪失が高まると，子どもの虐待や養育の放棄につながることもあります。

　家庭での親子関係においては，この他にもさまざまな問題が生じています。たとえば，家庭が安らぎの場でなく，苦痛の場となっている子どもの存在，子育て環境としての住宅の問題，母子家庭，父子家庭などのひとり親家庭の増加，親が親として機能していない家庭の増加などです。

　さらに，深刻となっているのが，子どもの貧困問題です。2015年の相対的貧困率[注9]は，国民全体で15.6%，子どもで13.9%となっており，とりわけ子どもの貧困率は，国際的にみても高い水準にとどまっています（厚生労働省2018）。

（4）学校や地域社会における問題

　現代の子どもがストレスを感じている場のひとつが学校です。高学歴志向社会のなかで，教科学習の問題だけでなく，しつけや生活習慣，家庭内の問題など，学校には多くの問題が持ち込まれます。学校現場はこれへの対応能力が低く，かつては校内暴力が，今日ではこれに加えていじめの問題が広がり，学校が一部の子どもにとって安心して学び，遊べる場ではなくなっています。

　不登校問題も，学校現場に存在する問題のなかでは，関心が高まっているもののひとつです。高校は就学が義務化されていないため，これが中退という形で現れます。中退者は一時期に比べ減少傾向にありますが，2018年で5万人弱，中退率は1.4%となっています（文部科学省2019）。

　学校での問題は，地域社会での生活にも影響を及ぼします。地域社会の福祉問題は，かつてのような，地域社会からの孤立や，地域の福祉力の低下という問題だけでなく，子ども仲間がもたらす問題としても現れています。とりわけ，インターネットあるいはスマホの普及は，人間関係を崩れさせる原因のひとつとなっており，時には殺人の加害者や被害者となったり，性的な関係の強要，ストーカー事件などにもつながったりしています。

》注

1）二者の間で起こる相互に影響を与える関係。

2）ひとつの相互作用が他の相互作用に影響を与える関係。

3）一人の女性（15歳から49歳まで）が生涯に生む子どもの数。

4）生産年齢人口（15歳から64歳の人口）に占める年少人口（14歳以下）の割合。

5）生産年齢人口に占める老年人口（65歳以上）の割合。

6）生産年齢人口に占める従属人口（年少人口と老年人口の和）の割合。

7）人口が増加も減少もしない均衡した状態となる合計特殊出生率の水準のこと。出生前に死亡する女性の割合が多い国では水準は高くなります。

8）個人の意志として婚姻関係を選択しないこと，あるいはその状況にあること。1980年頃に現れた新しいライフスタイルを指す言葉。

9）等価可処分所得（世帯の可処分所得（収入から税金・社会保険料等を除いたいわゆる手取り収入）を世帯人員の平方根で割って調整した所得）の中央値の半分以下で生活している状態。

 学習の ヒント

①あなたの子ども時代と，今の子どもたちを比べて，良くなった点，悪くなった点を3つずつ取り出してみましょう。

②テキストに示した以外で，子どもが生きづらさを感じている場面にはどんなことがあるでしょうか。その原因も含めて考えてみましょう。

引用文献

● 厚生労働省（2018），国民生活基礎調査

● 福沢諭吉（1878），教育の事，福沢文集巻之一，松口栄造版＝慶應義塾編（1959），福沢諭吉全集第 4 巻，岩波書店

● 文部科学省（2019），平成 30 年度 児童生徒の問題行動・不登校等生徒指導上の諸課題に関する調査結果について

● 内閣府（2019），少子高齢社会白書

参考文献

● 前田正子（2018），無子高齢化―出生数ゼロの恐怖，岩波書店

【概　要】急激な少子化で，日本の総人口が1億人を割る状況も視野に入ってきています。その頃には，高齢化率は4割を越える状況になるといわれています。日本では，この20年間少子化対策に取り組んでいますが，その効果はあまり出ていません。「無子高齢化」という衝撃的な言葉を用いて，少子高齢化の危機とこのままの状況が進行すると，地方のみならず都市部でも非常に深刻な状況になること，緊急の対応策が必要であることを主張しています。

● 住田正樹（2014），子ども社会学の現在―いじめ・問題行動・育児不安，九州大学出版会

【概　要】教育社会学，子ども社会学研究の第一人者である著者が，子どもの生活場面で起こっている多様な問題について，具体的に紹介し，発生のメカニズムや対応策を具体的に解説したものです。

● 汐見稔幸（2018），こども・保育・人間，学研プラス

【概　要】教育学をベースに，多様な視点から子どもの育ちに関する研究を蓄積してきた著者の子ども研究を，関係者との対論等を通じて，明らかにしたものです。研究書というよりも著者の子ども観や，歴史認識等に関する語りが中心で展開しており，読みやすい文献です。

4 | 子どもの人権に関わる法律の体系

《本章の目標＆ポイント》 人権は，すべての国民が意識し，守るべきものです。これを，生活場面等によって，具体的に示すものが，法律や制度ということになります。本章では，子どもの人権保障につながる法律の体系および具体的な内容について学習します。
《キーワード》 法律等の種類，国際法，子ども家庭福祉の基本的法律，その他の子ども家庭福祉の法律，子ども家庭福祉に関連する法律

1. 法律等の種類と表記法

（1）法律等の種類

　子どもの人権は，法律に基づく制度と，それを実行する実践を通じて保障されます。広い意味での法律には，さまざまなレベルがあります。もっとも広域で適用されるのが多国間で承認されたり，締結されたりするもので，国際法や，条約・規約などと呼ばれます。このうち，国際連合（国連）が核となって制定される条約や規約は，それぞれの国が批准や加入という手続きをし，締約国とならなければ，少なくともその国においては有効とはなりません。

　これと類似したものに，宣言とか憲章と呼ばれるものがあります。国際的な意味は大きく異なるものではありませんが，条約の場合，有効となるための要件[注1]，あるいは，締約国における実態の報告義務や違反した場合などの手続きが規定されているものが多く，拘束力は高くなっています。

国内法は，憲法を基盤にして，民法，刑法，児童福祉法，学校教育法，就学前の子どもに関する教育，保育等の総合的な提供の推進に関する法律など，生活の多岐にわたる領域で多くの法律が作られています。国際法と国内法の関係については，国によって解釈が異なりますが，日本では，憲法が最高法規であり，国際法はそれに続くものと解される規定をしています（憲法第98条第1項および第2項）。

以上のように，法律同士の関係では，憲法が最上位のものであり，次が国際条約・規約，最後に憲法以外の国内法ということになります。したがって，国際条約・規約が国内法に抵触する場合，国内法を改正することが必要となります。

国内法およびそれに準ずるものも階層化されています。大きくは法律（児童福祉法，子ども・子育て支援法など），政令・省令・規則等（児童福祉施設の設備及び運営に関する基準，児童福祉法施行規則など），告示（保育所保育指針，母子家庭等及び寡婦の生活の安定と向上のための措置に関する基本的な方針など），通達・通知（児童養護施設運営指針，児童養護施設等のケア形態の小規模化の推進についてなど）があります。

告示や通達・通知は，正確には法律には位置づけられませんが，地方自治体や教育・保育事業者等が事業を展開する場合に重要な参考資料となります。通達・通知の場合，「地方自治法の規定に基づく技術的な助言である」という記述があるものも少なくありません。

さらに，地方自治体が条例等を策定することがあります。条例等は，地方の事情や政策判断に基づいて策定され，当該地方自治体内でのみ機能します。ただし，国基準の質を下げるような内容を定めることはできません。保育所や認定こども園関係では，職員配置を多くしたり，保育料を下げたりするような条例がみられます。

（2）条文の表記法および読み方

　法律等の条文は独自の表記法や読み方をすることがあります。

　表 4-1 の前段は，児童福祉法第 4 条の児童の定義です。「2」の部分を「項」と言います。「1」がありませんが，法律では，何も書いていなくても，最初の条文を第 1 項といいます。「一」の部分は「号」といいます。号の場合は，つねに「一」から始まります。したがって，幼児の定義の部分は，「児童福祉法第 4 条第 1 項第 2 号」となります。

　また，法律の改定等で条文が追加された場合，**表 4-1** の後段にみられるように，「第 18 条の 4」のような記載をすることがあります。これ自体がひとつの「条」として位置づけられており，「第 18 条の 4」という「条」という意味になります。

表 4-1　法律の表記法および読み方

第 4 条　この法律で，児童とは，満 18 歳に満たない者をいい，児童を左のように分ける。
一　乳児　満 1 歳に満たない者
二　幼児　満 1 歳から，小学校就学の始期に達するまでの者
三　少年　小学校就学の始期から，満 18 歳に達するまでの者
○ 2　この法律で，障害児とは，身体に障害のある児童，知的障害のある児童，精神に障害のある児童（以下略）
第 18 条の 4　この法律で，保育士とは，第 18 条の 18 第 1 項の登録を受け，保育士の名称を用いて，専門的知識及び技術をもつて，児童の保育及び児童の保護者に対する保育に関する指導を行うことを業とする者をいう。

出典：児童福祉法

2. 国際条約

　子ども家庭福祉に関連する国際条約には，子どもの権利条約，国際人権規約などがあります。

（1）子どもの権利条約

　子どもの権利条約の成立経過と特徴については，すでに第2章で示したとおりです。

　条約は，前文と3部，全54条で構成されています。第1部は，41条からなり，具体的な子どもの権利について規定しています。

　第2部は，締約国（条約に批准，加入，継承した国）^{注2)}における条約の遂行状況等を審査することを目的とした児童の権利に関する委員会（以下，国連子どもの権利委員会）の設置および審査方法等について規定しています。この目的は，「条約において負う義務の履行の達成に関する締約国による進捗の状況を審査」することとされています（**表**

表4-2　国連子どもの権利委員会と審査

【第43条　子ども権利委員会の設置】

> 1　この条約において負う義務の履行の達成に関する締約国による進捗の状況を審査するため，児童の権利に関する委員会（以下「委員会」という。）を設置する。委員会は，この部（筆者注：第2部）に定める任務を行う。

【第44条　進捗状況の審査】

> 1　締約国は，(a) 当該締約国についてこの条約が効力を生ずる時から2年以内に，(b) その後は5年ごとに，この条約において認められる権利の実現のためにとった措置及びこれらの権利の享受についてもたらされた進歩に関する報告を国際連合事務総長を通じて委員会に提出することを約束する。

出典：子どもの権利条約

4-2）。また，審査は，1回目が2年以内，その後は5年以内に受けるものとされています。ちなみに，1994年に批准した日本は，これにしたがい，これまで5回の審査を受け，それぞれ課題が示されています。

（2）国際人権規約

　国際人権規約は，世界人権宣言の内容を基礎として，これを条約化したもので，人権諸条約のなかでもっとも基本的かつ包括的なものです。この規約は，「経済的・社会的及び文化的権利に関する国際規約」（以下，社会権規約），「市民的及び政治的権利に関する国際規約」（以下，自由権規約）および「市民的及び政治的権利に関する国際規約についての選択議定書」からなっています。日本は，社会権規約と自由権規約については，1979年に批准しました。

　社会権規約は，人権のうち，経済的，社会的，文化的側面について規定するもので，A規約と呼ばれることもあります。この規約で，子どもに固有な規定としては，経済的・社会的搾取の禁止，危険労働からの保護，健全な発育のための対策などがあります。

　自由権規約は，人権のうち，市民的，政治的側面について規定するもので，市民権規約あるいはB規約と呼ばれることもあります。この規約で，子どもを主語として規定されている権利（第24条）は，いかなる差別もなしに，未成年者としての地位に必要とされる保護の措置であって家族，社会および国による措置についての権利，出生の後直ちに登録され氏名を有する権利，国籍を取得する権利，です。

3. 子ども家庭福祉の基本的法律

　子ども家庭福祉の基本的な法律を，子ども家庭福祉6法ということがあります。6法とは，児童福祉法，母子保健法，母子及び父子並びに寡

婦福祉法，児童手当法，児童扶養手当法，特別児童扶養手当等の支給に関する法律です。

（1）児童福祉法

　児童福祉法は，子ども家庭福祉のもっとも基本となる法律で，第1条から第3条にかけて，児童福祉の理念や原理を定めています注3)。

　児童福祉法に規定される機関や専門職には，児童福祉審議会，児童相談所，福祉事務所，保健所，児童福祉司，保育士，児童委員などがあります。

　児童福祉法に規定される福祉の措置および保障としては，療育の給付，要保護児童（要養護児童，要保育児童，障害のある子どもなど）の保護措置（施設入所，里親，保護者の同意を要しない保護措置など)，在宅福祉サービス（放課後児童健全育成事業，児童自立生活援助事業，乳児家庭全戸訪問事業，養育支援訪問事業，地域子育て支援拠点事業，一時預かり事業など)，禁止行為（子どもに対して大人がしてはいけない行為。労働の制限や性的な問題などを中心に規定されている）があります。

　児童福祉法は，1990年前後から繰り返し重要な改正がおこなわれています。その内容は，住民により近い市町村での事業展開，利用者の意思を尊重したサービス提供，在宅福祉サービスの強化などです。

　2016年には，初めて，理念や社会的養護のあり方など，総則の重要な部分が改正されました。2019年には，児童相談所の体制整備に関わる改正もおこなわれています。

（2）母子保健法

　母子保健法は，母性及び乳幼児の健康の保持及び増進を図ることを目

的とした法律で，児童福祉法に書かれていた関係条文を移行し，さらに充実させたものです。

　母子保健の向上に関する措置としては，保健指導，新生児訪問指導，乳幼児健康診査（1歳6か月児から2歳児，および3歳児），妊娠の届出，母子健康手帳，低体重児の届出，養育医療，母子健康包括支援センター（通称，子育て世代包括支援センター）などが規定されています。子育て世代包括支援センターは，狭義の母子保健だけでなく，妊娠期から乳幼児期の子どもと家庭を対象に，虐待の早期発見，早期対応など，予防的側面への期待も込められています。

（3）母子及び父子並びに寡婦福祉法

　母子及び父子並びに寡婦福祉法は，制定当初は母子福祉法と呼ばれていました。その後，母子及び寡婦福祉法となり，2014年の法改正で現在の名称となりました。

　この法律に基づく事業には，母子・父子自立支援員の設置，母子家庭及び寡婦自立促進計画，母子・父子・寡婦福祉資金の貸付，母子・父子・寡婦家庭日常生活支援事業，母子福祉施設，母子・父子家庭自立支援給付金などがあります。

（4）児童手当法

　児童手当法は，家庭の経済的安定および子どもの健全育成，資質の向上を図ることを目的とするものです。児童手当の支給対象は，制度創設当初は，18歳未満のものを3人以上養育しているもので，第3子が義務教育終了前の場合に，第3子以降を対象とするものでした。その後何度か改正され，現在では，支給対象は第1子から，支給期間は義務教育終了までとなっています。

　児童手当は，子どもを現に監護するものに対して支給されるものですが，施設や里親等で生活するものの場合，施設等を通じて，子ども自身に支給されます。

（5）児童扶養手当法

　児童扶養手当法は，離別等によりひとり親家庭となったものの経済的安定と自立の促進を図ることを目的としています。この法律は，国民年金制度で死別母子家庭を対象とした母子年金（現，遺族基礎年金）が規定された後，離婚や未婚の母等，離別により母子家庭になったものを対象として制定されました。

　当初の対象は，子どもは中学校卒業まで，対象家庭は主として母子家庭でした。現在は，子どもは18歳となった後，最初に迎える3月31日まで（高校卒業程度まで），対象は父子家庭を含むひとり親家庭となっています。

　また，子どもに一定の障がいがある場合は20歳未満まで支給対象となります。さらに，父母が婚姻状態にあっても，少なくとも父母のいずれかが重度の障がいの状態にある場合は支給対象となります。

（6）特別児童扶養手当等の支給に関する法律

　特別児童扶養手当等の支給に関する法律は，精神または身体に障がいを有するものの福祉の増進を図るための金銭給付を規定する法律で，一般には，特別児童扶養手当法と呼ばれています。手当には，20歳未満の子どもを対象とした特別児童扶養手当および障害児福祉手当，20歳以上の者を対象とした特別障害者手当の3種類があります。

　20歳以上になると，特別児童扶養手当等は支給されませんが，障がいの程度および経済状況によって，特別障害者手当や障害基礎年金が支

給されることがあります。

4. その他の子ども家庭福祉の法律

　子どもの人権は，子ども家庭福祉6法を基本としつつも，さまざまな法律によって支えられています。ここでは，代表的なものを6つ紹介しておきます。また，法律ではありませんが，児童憲章についてもふれておきます。

（1）児童虐待の防止等に関する法律

　児童虐待の防止等に関する法律は，一般には，児童虐待防止法と呼ばれています。この法律では，虐待の定義の他，虐待および体罰の禁止，虐待の防止に関する国および地方公共団体の責務，虐待を受けた子どもの保護のための措置などを規定しています。

（2）就学前の子どもに関する教育・保育等の総合的な提供の推進に関する法律

　就学前の子どもに関する教育・保育等の総合的な提供の推進に関する法律は，一般には，認定こども園法と呼ばれています。この法律では，認定こども園の認定手続き，認定の有効期間，名称の使用制限，認定の取消しなどについて規定しています。

（3）子ども・子育て支援法

　子ども・子育て支援法は，少子化の進行および家庭や地域の変化に対応し，個々の法律に基づいて実施されている事業の一部を，給付を中心に体系化したものです。この法律に基づく給付等には子ども・子育て給付（児童手当，教育・保育給付注4)），地域子ども・子育て支援事業があります。

（4）子どもの貧困対策の推進に関する法律

　子どもの貧困対策の推進に関する法律は，一般には，子どもの貧困対策法と呼ばれています。この法律では，子どもの貧困対策に関する基本理念を定め，国等の責務を明らかにし，および子どもの貧困対策の基本となる事項を定めるものです。この法律に基づき，国は，子どもの貧困対策会議を内閣府に設置するとともに，都道府県に，子どもの貧困対策計画の策定の努力義務を課しています。

（5）子ども・若者育成支援推進法

　子ども・若者育成支援推進法は，引きこもり，貧困，学校不適応，非行，不安定な就労状況など，子ども・若者の生きづらさに，省庁を越えて総合的な対策を講ずることを目的として制定されたものです。この法律に基づき，国は，子ども・若者育成支援推進大綱を作成するとともに，都道府県に対しては，子ども・若者支援計画等の策定に努めるよう求めています。

（6）発達障害者支援法

　発達障害注5）者支援法は，障害者基本法の基本的な理念にのっとり，発達障がい者が基本的人権を享有する個人としての尊厳にふさわしい日常生活や社会生活を営むことができるような社会を実現することを目的としています。

　具体的には，発達障がいを早期に発見し，発達支援を行うことに関する国および地方公共団体の責務を明らかにすること，学校教育における発達障がい児への支援，発達障がい児の就労の支援，発達障害者支援センターの指定等について定めています。

（7）児童憲章

　児童憲章は，子どもに対する正しい観念を確立することを目的として定められた社会的協約です。この内容は，一時期，児童福祉法の前文として位置づけられていました。憲章は，前文（**表 4-3**）と全12条からなり，母子健康手帳などにも記載されています。

表 4-3　児童憲章前文

児童は，人として尊ばれる。 児童は，社会の一員として重んぜられる。 児童は，よい環境の中で育てられる。

出典：児童憲章

5. 子ども家庭福祉に関連する法律

　これまで紹介した法律等は，狭義の福祉視点のものです。福祉を広くとらえ，子どもを中心にしたものではないが，子どもにも関係するものまで含めると，さらに多くの法律が子どもの人権を支えています。**表 4-4** には，そのなかでも身近なものを整理してあります。

表 4-4　子ども家庭福祉に関連する法律

1.　**社会の基礎にかかわる法律** 　　憲法　民法　少子化社会対策基本法　男女共同参画社会基本法 2.　**子どもの生活にかかわる法律** 【**教育分野**】教育基本法　学校教育法　いじめ防止対策推進法 【**司法・青少年の健全育成分野**】少年法　少年院法　少年鑑別所法　児童買春・児童ポルノに係る行為等の規制及び処罰並びに児童の保護等に関する法律（児童ポルノ法） 【**保健医療分野**】学校保健安全法　母体保護法　地域保健法 【**労働分野**】育児休業・介護休業等育児又は家族介護を行う労働者の福祉に関する法律（育児介護休業法）　労働基準法 3.　**社会福祉の基礎にかかわる法律** 　　社会福祉法　生活保護法　身体障害者福祉法　知的障害者福祉法　民生委員法　売春防止法　精神保健及び精神障害者福祉に関する法律（精神保健福祉法）　配偶者からの暴力の防止及び被害者の保護等に関する法律（DV 防止法）

出典：筆者作成

》注

1）たとえば，子どもの権利条約では，「20番目（筆者注：20番目の締約国）の批准書又は加入書が国際連合事務総長に寄託された日の後30日目の日に効力を生ずる」（第49条）という規定があります。

2）批　准：条約を守ることを国際的に宣言すること。

　　加　入：署名を省略して，そのまま条約を受け入れること。

　　継　承：旧ソビエト連邦などのように国が複数に分離したときなどに，新たな国がそれを受け継いだ状態。

3）第1章18頁参照。

4）教育・保育給付は，さらに施設型給付（保育所，認定こども園等），地域型保育給付（小規模保育事業，家庭的保育事業等）に分かれます。

5）同法では，「自閉症，アスペルガー症候群その他の広汎性発達障害，学習障害，注意欠陥多動性障害その他これに類する脳機能の障害であってその症状が通常低年齢において発現するものとして政令で定めるもの」と規定しています。

学習の
ヒント

①子どもの権利条約の全文に一度目を通してください。

②テキストで紹介した法律以外で，子どもの福祉等を支える法律にはどのようなものがあるでしょうか。

参考文献

● 厚生省児童局監修（1948），児童福祉，東洋書館

　【概　要】松崎芳伸など，児童福祉法制定に携わった関係者が，法律の解説など，当時の状況を解説したものです。入手しにくい本ですが，制定時の状況に興味のある方には一読をお薦めします。

● 中央法規出版編集部編（2016），改正児童福祉法・児童虐待防止法のポイント，中央法規出版

　【概　要】2016年の児童福祉法・児童虐待防止法の改正をわかりやすく解説したものです。

● 山縣文治他監修（2019），ワイド版社会福祉小六法2019，ミネルヴァ書房

　【概　要】子ども家庭福祉のみにかかわらず，社会福祉全般の基本的法律を掲載したものです。巻末に多くの資料を載せており，学習の参考になります。

5 | 子どもの人権を保障するための制度体系

《**本章の目標＆ポイント**》 子どもの人権は，法律，それに基づく制度，さらに制度と親子を結びつける実践の3つによって支えられます。

　本章では，このうち，子ども家庭福祉制度について，子ども家庭福祉施策の体系と類型，子ども家庭福祉行政の機構，子ども家庭福祉の実施機関，子ども家庭福祉の財政，という角度から学習します。

《**キーワード**》 子ども家庭福祉の体系，子ども家庭福祉の類型，子ども家庭福祉行政の機構，子ども家庭福祉の実施機関，子ども家庭福祉の財政

1．子ども家庭福祉施策の体系と類型

（1）子ども家庭福祉施策の体系

　子ども家庭福祉サービスには，母子保健，就学前保育・教育，地域子育て支援，子どもの健全育成，社会的養護・非行・心理治療を要する子どもの日常の養育と自立支援を図る要養護児童施策，障がい児福祉，ひとり親家庭福祉など，さまざまな内容があります。サービスによって，利用できる年齢が異なっていたり，主たる利用年齢層が決まっていたりするものもあります。

　年齢別の子ども家庭福祉施策の代表的な体系例が**図5-1**です。

（2）子ども家庭福祉施策の機能類型

　子ども家庭福祉施策はその機能によって，相談情報提供サービス，金

銭給付（現金給付），現物給付，の大きく3つに分けることができます。ただし，ひとつの施策がひとつの類型にのみ分類できるわけではなく，施策によっては複数の内容をもつものもあります。

　相談情報提供サービスには，児童相談所，児童家庭支援センター，地域子育て支援拠点事業などがあります。

　金銭給付（現金給付）には，児童手当，児童扶養手当，特別児童扶養

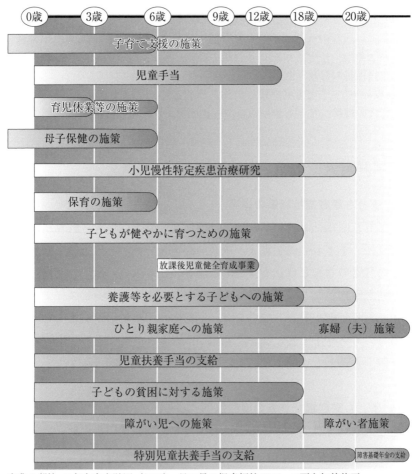

出典：(財) こども未来財団（2019），目で見る児童福祉 2019，7 頁を加筆修正

図 5-1　年齢別でみた子ども家庭福祉施策の体系例

手当などがあります。

　現物給付は，施設サービス，物品給付，役務サービス，保健・医療サービスの大きく4つに分けることができます。施設サービスには，保育所，児童養護施設などの子ども家庭福祉施設，物品給付には，障がい児を対象とした日常生活用具の給付など，役務サービスには，母子家庭等日常生活支援，居宅訪問型保育サービス，居宅介護，保健・医療サービスには，自立支援医療，（未熟児）養育医療などがあります。

2.　子ども家庭福祉行政の機構

　子ども家庭福祉行政は，**図5-2**に示すような国，地方自治体の仕組みのなかで運営されています。

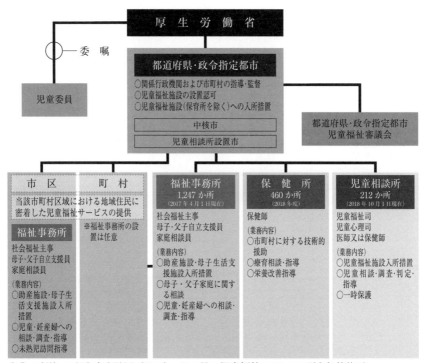

出典：（財）こども未来財団（2019），目で見る児童福祉2019，10頁を加筆修正

図5-2　子ども家庭福祉行政の仕組み

（1）国の機構

　子ども家庭福祉行政は，厚生労働省子ども家庭局を中心に営まれています。厚生労働省には，社会福祉や社会保障に関する事柄を審議するために，社会保障審議会が設置されています。社会保障審議会には分科会や部会などが設けられ，専門的な調査，審議をおこなっています。また，子どもに関しては，児童部会が設けられています。児童部会には，さらに，放課後児童クラブの基準に関する専門委員会，社会的養護専門委員会，児童虐待等要保護事例の検証に関する専門委員会などが設けられ，より専門的な審議をしています。

（2）地方自治体の機構

　地方自治体にも，福祉を担当する部門が設けられています。かつては，

表5-1　児童福祉法に規定されている都道府県の業務

【第11条（要約）】

1．市町村の業務の実施に関し，市町村相互間の連絡調整，市町村に対する情報の提供，市町村職員の研修その他必要な援助。
2．子どもおよび妊産婦の福祉に関する業務。
　①児童に関する家庭などからの相談のうち，専門的な知識および技術を必要とするものへの対応。
　②子どもとその家庭に対して，必要な調査，および医学的，心理学的，教育学的，社会学的，精神保健上の判定。
　③上記調査や判定に基づいて，心理，子どもの健康，心身の発達に関する専門的な知識および技術を必要とする指導。
　④子どもの一時保護。
　⑤里親に関する業務。

【第27条（要約）】

1．子どもまたはその保護者に対する訓戒または誓約書の提出。
2．児童福祉司，知的障害者福祉司，社会福祉主事，児童委員，児童家庭支援センター，市町村での指導または指導委託。
3．小規模住居型児童養育事業を行う者または里親への子どもの委託，乳児院，児童養護施設，障害児入所施設，児童心理治療施設，児童自立支援施設への入所。
4．審判に付することが適当であると認める子どもの送致。

出典：児童福祉法

民生部（局）という名称が一般的でしたが，最近では福祉部（局），保健福祉部（局），子ども青少年部（局）など，多様な名称となっています。

　また，都道府県，政令指定都市，中核市には，子ども家庭福祉に関する調査審議をおこなう機関として，児童福祉審議会が置かれています。ただし，これは独立して設置する必要はなく，社会福祉審議会[注1)]の専門部会として設置することも可能です。

①都道府県の業務

　児童福祉法に規定される，都道府県の代表的な業務は，第11条および第27条にみられます（**表5-1**）。

　第11条に規定する業務は，主として，児童相談所や福祉事務所を通じておこなわれます。第27条の業務は，児童相談所を通じておこなわれます。

表5-2　児童福祉法に規定されている市町村の業務

【第10条（要約)】

1．子どもおよび妊産婦の福祉に関し，必要な実情の把握。
2．子どもおよび妊産婦の福祉に関し，必要な情報の提供。
3．子どもおよび妊産婦の福祉に関し，家庭その他からの相談，必要な調査，指導。
4．子どもおよび妊産婦の福祉に関し，必要な支援

【第25条の7（要約)】

1．要保護児童，要支援児童およびその保護者，さらに特定妊婦に対する支援の実施状況を的確に把握する。
2．要保護児童等通告を受けた子ども，相談に応じた子どもや保護者について対応。
　①医学的，心理学的，教育学的，社会学的，精神保健上の判定や，第27条1項の措置を必要する子どもを児童相談所に送致。
　②通告児童等を福祉事務所の知的障害者福祉司や社会福祉主事に指導させること。
3．児童自立生活援助の実施が適当であると認める子どもを都道府県知事に報告。
4．児童虐待の防止等に関する法律に基づく出頭や児童福祉法に基づく立入調査や一時保護の実施が適当であると認める子どもを児童相談所長に通知。

出典：児童福祉法

②市町村の業務

　児童福祉法に規定される，市町村の代表的業務は，第10条，第25条の7にみられます（表5-2）。市町村の業務は，福祉事務所，家庭児童相談室，子ども家庭支援拠点などを通じておこなわれます。

　また，市町村が中心となっておこなうものだけでなく，都道府県や児童相談所に報告や送致することによって，ともに実施するものも多くなっています。

3. 子ども家庭福祉の実施機関

（1）子ども家庭福祉の実施機関の類型

　子ども家庭福祉サービスの実施機関は，大きく5つにわけることができます。

　第1は，公的部門が直接運営するものです。児童相談所，家庭児童相談室，保健所，市町村保健センターなどは，地方自治体にしか設置が認められていません[注2]。施設サービスや在宅サービスについては，かつては公立の事業者による供給方式もみられましたが，規制改革に伴う民営化の推進により，最近ではやや減少傾向にあります。とりわけ，公設公営で運営されてきた保育所の民間移管が進んでいます。

　第2は，認可制度のなかで公的責任のもとに提供されるものです。社会福祉法人制度は，この受け皿として制度化されているものです。子ども家庭福祉サービスの多くは，このような形で提供されています。

　第3は，企業等の独自事業です。ベビーシッターや認可外保育施設などがこの代表例です。社会福祉法に規定されない事業については，従来は社会福祉事業とみなさないのが一般的でしたが，最近ではこの領域の事業の一部は社会福祉事業とみなす場合があります。

　第4は，住民の協力を得ての公的活動です。国制度としての代表的な

ものは，児童福祉法に基づく児童委員・主任児童委員活動，保護司法に基づく保護司です。これに準ずるものとして，社会福祉協議会の小地域社会福祉協議会がおこなうさまざまな活動，青少年指導員や愛育班などの活動もあります。

　第5は，住民や地域団体の主体的事業です。NPO法人，生協法人，法人格を持たない住民団体などのおこなう活動は，近年，非常に重要な役割を果たすようになってきています。

（2）子ども家庭福祉等施設

　子ども家庭福祉にかかわる施設は，児童福祉法を中心にさまざまな法律で規定されています。それらの施設は，機能によって，入所により生

表5-3　機能別子ども家庭福祉等施設

	入所施設	通所施設	相談・利用施設
児童福祉法	助産施設 乳児院 児童養護施設 母子生活支援施設 障害児入所施設 児童心理治療施設* 児童自立支援施設*	保育所 幼保連携型認定こども園 児童発達支援センター	児童厚生施設（児童館，児童遊園） 児童家庭支援センター
母子及び父子並びに寡婦福祉法			母子・父子福祉センター 母子・父子休養ホーム
母子保健法			母子健康包括支援センター
少年院法	第1種少年院 第2種少年院 第3種少年院 第4種少年院		

注：*の施設には，通所機能もある。
出典：筆者作成

活を保障したり，自立に向けての訓練をおこなったりする施設，同じく
これを通所によりおこなう施設，相談や日常の利用に供される施設，の
大きく3つにわけることができます。表5-3は，代表的な施設を主た
る機能により分類したものです。

　それぞれの施設には，設備や運営の基準が定められています。児童福
祉法に基づく施設の場合，これを「児童福祉施設の設備及び運営に関す
る基準」といいます。

　実践の内容についても別途指針が設けられています。たとえば，保育
所の場合，保育所保育指針，幼保連携型認定こども園の場合，幼保連携
型認定こども園教育・保育要領，児童養護施設の場合，児童養護施設運
営指針といいます。

4. 子ども家庭福祉の財政

（1）子ども家庭福祉の財源とGDP

　子ども家庭福祉が目指している子どもの健全な発育や成長は，児童福
祉法にも定められているように国の責任でおこなわなければなりませ
ん。したがって，そのための費用は税金等によって主にまかなわれます。

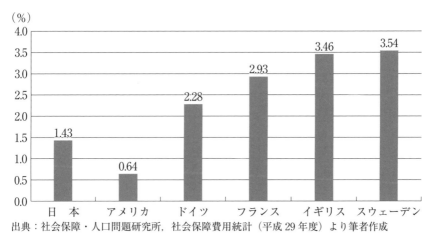

出典：社会保障・人口問題研究所，社会保障費用統計（平成29年度）より筆者作成

図5-3　国民総生産（GDP）に占める家族関係支出の国際比較（2015年度）

費用は，法律で定められた事業を国や地方自治体がおこなうために用いられます。

　わが国の子ども家庭福祉財源は，国際的にみても非常に低い水準であると指摘されています（**図 5-3**）。家族関係支出には，児童手当，出産・育児休業給付，子ども・子育て支援給付などが含まれます。2019 年 10 月からは，3 歳以上の保育料が無償となったことにより，これはもう少し高くなると考えられます。

（2）子ども家庭福祉財政

　公的福祉施策は，税金，保険料，利用者負担などによってまかなわれます。財源の構造は，国と地方自治体で異なります。

①国の財政

　国の財政において負担する国費は，税や国債などによって確保されます。それが，主として，地方交付税交付金や国庫支出金として，地方自

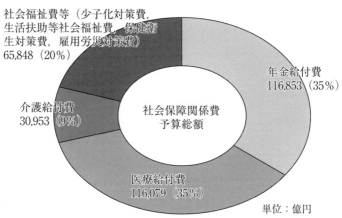

出典：財務省（2018），平成 30 年度社会保障関係予算のポイントより筆者作成

図 5-4　社会保障関係予算の内訳（2018 年度）

治体等に支出されます。

　国の一般会計歳出のなかで，社会福祉に使われるお金を，総称して，社会保障関係費といいます。その構成は，**図 5-4** に示すとおりです。

②地方自治体の財政

　地方自治体の財源は，地方税，地方交付税国庫支出金，地方債などで確保されています。そのなかで，社会福祉施策に使われるお金を民生費といいます。その構成は，**図 5-5** に示すとおりです。

　地方自治体の支出では児童福祉費がもっとも多くなっています。このうちの多くは，子ども・子育て支援制度の給付費，児童手当，児童扶養手当などが占めています。

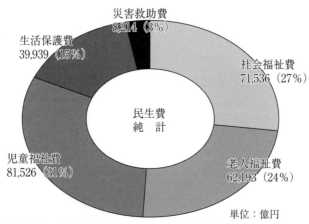

単位：億円

資料：総務省（2018），平成 30 年度版地方財政白書より筆者作成

図 5-5　民生費の内訳（2016 年度純計）

》》注

1）社会福祉法に基づき，都道府県，政令指定都市，中核市に設置義務があります。その他の市町村での設置は任意です。

2）子ども家庭福祉相談の機関については，子どもの人権を保障するうえできわめて重要であり，第7章で，別途解説します。

 ①児童手当，児童扶養手当，特別児童扶養手当について，受給者，受給期間，手当額などを確かめておいてください。

②児童養護施設運営指針の全文に目を通しておきましょう。

参考文献

● 厚生労働省雇用均等・児童家庭局長通知（2012），児童養護施設運営指針，
https://www.mhlw.go.jp/bunya/kodomo/syakaiteki_yougo/dl/yougo_genjou_04.pdf
　【概　要】児童養護施設の運営についての指針を示した通知です。総論と各論か
らなり，総論は，乳児院，児童心理治療施設，児童自立支援施設，母子生活支援施
設に共通しています。各論は，各施設種別固有のあり方を示すもので，事実上第三
者評価の基準になっています。いずれも，厚生労働省のホームページに掲載されて
います。
● 吉田幸恵・山縣文治編（2018），新版 よくわかる子ども家庭福祉，ミネルヴァ書
房
　【概　要】子ども家庭福祉の全般について書かれた教科書。項目ごとの見開き型
で編集されており，学習しやすくなっています。
● 全国社会福祉協議会政策委員会編（2019），社会保障・福祉政策の動向2017-
2018，全国社会福祉協議会
　【概　要】社会福祉の制度は時代状況と将来展望に合わせて変わります。本著は，
2017年から2018年の間に起こった社会福祉全般の状況について紹介した資料集で
す。

6 | 子どもの人権を支える社会福祉支援

《**本章の目標＆ポイント**》 子どもの人権は，法律，それに基づく制度，さらに制度と親子を結びつける実践の3つによって支えられます。本著では，制度と親子を結びつける実践を社会福祉支援と呼びます。

　本章では，社会福祉支援について，社会福祉支援の基本，社会福祉支援の基本的視点と倫理，子ども家庭福祉における社会福祉支援の特性，子ども家庭福祉の支援者という角度から学習します。

《**キーワード**》 社会福祉支援の基本，社会福祉の倫理，子ども家庭福祉の支援者

1. 社会福祉支援の基本

（1） 社会福祉とソーシャルワーク

　社会福祉の専門的支援のことをソーシャルワーク，これを具体的に実践する人のことをソーシャルワーカーといいます。本著ではこれを少し広義でとらえ，前者を社会福祉支援，後者を社会福祉支援者と呼ぶこととします。

　社会福祉支援実践の萌芽的活動は，1800年代のイギリスに始まり，時を経ずして，アメリカにわたります。これが専門性を高めていったのは，1900年代の初頭で，ソーシャルケースワークの母とも言われることがある，メアリー・リッチモンドによる体系化です。

　ソーシャルケースワークは，その後，課題ごとに個別に発達した手法との共通基盤を模索するなかで，今日では，社会福祉支援として体系化

されています。

　現在では，国際ソーシャルワーカー連盟（International Federation of Social Workers：IFSW）による国際的な定義も存在しています（**表6-1**）。日本の各種ソーシャルワーク専門職団体もこれを共有しています。この定義にみられるように，人権は，社会正義，集団的責任，多様性尊重と並んで，社会福祉支援の中核的原理と位置づけられています。

表6-1　ソーシャルワークの国際定義

> 　ソーシャルワークは，社会変革と社会開発，社会的結束，および人々のエンパワメントと解放を促進する，実践に基づいた専門職であり学問である。社会正義，人権，集団的責任，および多様性尊重の諸原理は，ソーシャルワークの中核をなす。ソーシャルワークの理論，社会科学，人文学，および地域・民族固有の知を基盤として，ソーシャルワークは，生活課題に取り組みウェルビーイングを高めるよう，人々やさまざまな構造に働きかける。
> 　この定義は，各国および世界の各地域で展開してもよい。

出典：国際ソーシャルワーカー連盟

（2）社会福祉支援の基本プロセス

　社会福祉支援の基本プロセスは，**図6-1**に示すとおりです。

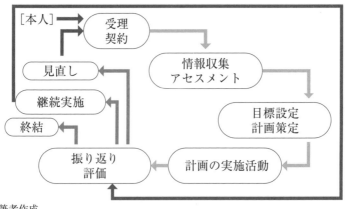

出典：筆者作成

図6-1　社会福祉支援の基本プロセス

　まずは，本人（家族を含む）が，支援機関とつながります。つながり方には，直接来所する場合もあれば，電話やメールなどを通じての場合もあります。虐待等の場合には，第1段階では関係機関が持ち込むことが多く，本人が主体的にくることはあまりありません。このような場合，社会福祉支援者自ら，支援が必要と考えられる人に接近する（アウトリーチ）必要があります。

　この出会いは，支援関係が始まること（受理あるいは契約という）を意味しています。契約は，相互の同意が原則ですが，必要な場合には，本人の同意なしに，社会福祉支援機関が職権[注1]として開始することもあります。

　受理された事案は，何が問題となっているのか，なぜそれが生じているかなど，内容を丁寧に分析（見立て）する必要があります。これをアセスメントといいます。適切なアセスメントをするためには，本人のみならず，関係者や関係者から情報を収集し，個人ではなくチームとして，総合的に検討する必要があります。

　アセスメントは，問題の解決の方向（目標）や解決の方法などを検討する素材となります。これを目標設定・計画策定といいます。このプロセスにおいては，可能な限り本人の参加が好ましいと考えられます。

　計画が策定されると，いよいよ実施段階となります。実施状況は，目標や計画に照らし合わせて，随時評価される必要があります。その評価の結果，目標が達成されていたら終結となります。大きく内容を変えずに継続実施する場合，一定の期間を経て再評価します。また，状況の変化などによって目標を変えたり，計画内容を変更したりすることもあります。その分かれ目となるのが振り返り・評価です。これは，再アセスメントということもできます。ここにおいても，できるだけ本人の参加が求められます。

2. 社会福祉支援の基本的視点と倫理

（1）社会福祉支援の基本的視点

①本人の意思を尊重しつつ，生活の全体を支えるという態度

　社会福祉支援者には，医師や心理職のように，問題を直接的に解決したり，来談者に正面から向き合ったりするのではなく，本人を生活の中心としてとらえ，本人の意思を尊重しつつ，その生活の全体に寄り添う，あるいは側面から支えるという態度が求められます。

　生活の全体を支えるためには，直面している混乱のなかで，本人も見落としがちな状況まで含め冷静に分析すること，本人の意向や望ましいと考えている生活を確認し，協働しながら目標設定や行動計画をイメージすることなどが重要となります。解決の主体はあくまでも本人であり，社会福祉支援者は自己決定をしやすいような環境設定をしたり，行動を支えたりする存在にすぎません。

②「今，ここから始まる」という認識

　生活は連続しているものです。このことは，過去に遡って問題の解決を図ったり，現状を大きく変えたりすることを前提にして支援を開始することはできないということを意味しています。マイナスの修正を図るという視点の支援ではなく，今をゼロと受け止め，環境と本人の相互に働きかけることを通じて，状況の変化・改善や生活の適応力を高めていくという姿勢が重要です。

③本人・家族・環境のもつ強みの認識と活用

　人間は，生きていくなかで，さまざまな困難に出会います。支援は，このような困難の軽減，緩和を図りながら，本人の生活をより豊かにするために存在します。社会資源を利用することは重要ですが，これを社会福祉支援者が強制するのではなく，まずは，本人の了解のもとに進め

る必要があります。

　さらに重要なのは，本人自身のもつ力・強みを強化し，これを活用するということです。これをストレングス視点といいます。強みには，本人の内的な力だけでなく，家族や取り巻く環境の力も含みます。

④社会制度の活用と見守り体制の整備

　社会福祉支援は，社会生活において，社会制度との間で発生する問題を，本人の生活の全体を意識しながら，解決・緩和するものです。その際に，本人の側に働きかけたり，制度の側に働きかけたりしながら，両者の関係のバランスをとることになります。本来社会制度は，生活を豊

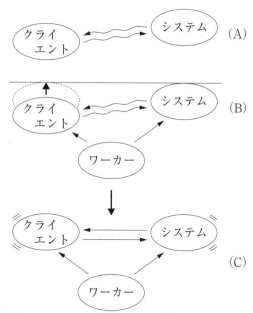

出典：岩間伸之（2000），ソーシャルワークにおける媒介実践論研究，中央法規出版，100 頁
注：（A），（B），（C）は以下の意味。
　（A）：システム（社会環境）とクライエント（生活課題を抱えた人）との間の均衡がとれ
　　　　ていない状況
　（B）：ソーシャルワーカーが媒介し，両者に働きかけることで，両者の均衡を図ろうとし
　　　　ている状況
　（C）：（B）の結果，両者の均衡が図られ，さらにそれを維持しようとしている状況

図 6-2　「媒介・過程モデル」における媒介機能

かにするために存在するものです。しかしながら，一人ひとりの立場に立つと，問題を生じさせている修正すべきものである場合もあります。

社会制度には，法律等に基づく公的資源のみならず，企業・職場などの民間資源，地域・子育てサークル・セルフヘルプグループなどの市民資源，親族・友人・知人などの私的資源も含まれます。社会福祉支援者は，このような資源の活用，資源の力の強化，見守りのための資源の配置などを図りながら関わります。

岩間は，これを媒介・過程モデルという概念で説明し，**図6-2**のようなモデル図を示しています。このような考え方は，近年の社会福祉支援の基本的な考え方となっています。

⑤スーパーバイズ体制の整備

たとえ専門資格を有していたとしても，誰でも最初から支援を一人でできるわけではありません。知識や経験の豊富な人に指導や助言を受けながら仕事を進める必要があります。

このような専門家間での指導や助言等の関係をスーパービジョン（supervision）といいます。また，スーパービジョンをおこなう人をスーパーバイザー（supervisor：SV），スーパービジョンを受ける人をスーパーバイジー（supervisee）といいます。

スーパービジョンには，支持的機能，教育的機能，管理的機能の3つの機能があります。支持的機能とは，スーパーバイジーのこころを支えていく機能，教育的機能とは実践力を高めていく機能，管理的機能とは，実際の支援が目的にしたがって円滑に進んでいるかどうかを点検する機能のことをいいます。

スーパービジョンは，多くは組織内でおこなわれますが，専門性の中身によっては外部の専門家に依頼することも必要です。

（2）社会福祉支援者に求められる倫理

　社会福祉支援は，個人のプライバシーに踏み込む可能性もあるものであり，強い倫理性が求められます。これを成文化したものを倫理綱領（code of ethics）といいます。倫理綱領は，専門職としての社会的責任，職業倫理を行動規範として社会的に明らかにするもので，多くの専門職団体が作成しています。職業社会学では，専門職の要件のひとつともされています。

　IFSW でも，これを「ソーシャルワークにおける倫理原則のグローバル声明」として明らかにしています。倫理綱領に記載されているもので，特に社会的に重要なものについては，法律にも明記され，内容によっては罰則や罰金などが定められています。社会福祉士，介護福祉士，保育士などの社会福祉の分野では，信用失墜行為，守秘義務（秘密保持）違反，名称独占違反などがこれにあたります。

3. 子ども家庭福祉における社会福祉支援の特性

　子ども家庭福祉は社会福祉の一分野であり，問題理解や支援の枠組みは，基本的には社会福祉支援の原則と同様です。しかしながら，子どもの特性あるいは子どもは親権のもとで生活しているという状況から，子ども家庭福祉に固有の特徴も存在します。

（1）子どもという生活主体の特性からくる課題

　第1章で示したように，成人と異なる子どもの特性は，大きく以下の三点にあります。

　第1は，子どもは，保護者，地域社会あるいは社会制度に育てられるという受け身的な存在ということです。保護者や家庭のもつ意味は，とりわけ，子どもが小さければ小さいほど大きく，常に主体として考える

ことが前提となる成人の場合とは大きく異なります。

　したがって，子どもに対する直接的な支援だけでなく，家庭（保護者）への支援を通じて，間接的に子どもを支援するという考え方が，他の分野以上に重要になります。一方，家庭（保護者）が適切に機能しなければ，子どもの成長にとって，それはリスク要因とさえなります。

　第2は，子ども自身が成長していく存在であるということです。すなわち，時間という軸が子ども家庭福祉においては重要な意味をもちます。実践的には分断することはできませんが，制度的には子どもと成人は明らかに分離されており，問題の解決や緩和のために活用されるものは原則的には異なります。

　このような時間軸とのバランスは，成人ではあまり意識されない特徴です。成人の場合，あくまでも主体性を認められた存在としてまず位置づけられ，本人の主体性を支える支援が中心となります。一方，子どもの場合は，子どもの育ちや主体性の獲得を支援していくと同時に，それを阻害されない環境を整備するという視点が重要となります。

　第3は，子どもは親権のもとに服する存在ということです。親権は子どもの社会生活において大きな意味をもちます。たとえば，未成年者は一部の例外を除いて，社会的契約を結ぶことが困難です。この点は，非常に重要な意味をもつので，次項で，もう少し詳しく説明します。

（2）人権・権利の主体と契約の主体の相違からくる課題

　近年では，子ども家庭福祉分野においても，契約という概念がより重視されるようになっています。ソーシャルワーク的な意味合いでの契約は社会福祉支援者と子ども自身の間で結ぶことは可能ですが，法的な意味合いでの契約は，社会福祉支援者（社会福祉支援機関）と子ども自身では結ぶことができず，あくまでも保護者（親権をおこなうもの）と結

ぶことになります注2)。したがって，保護者の適切な判断が重要となります。虐待など，社会的にみて，不適切と考えられる状況でさえ，親権に制限を加えることには困難を伴います。未成年後見人の選任も成年後見人の選任ほど容易ではなく，少なくとも保護者のもつ親権機能を，家庭裁判所の審判を経て一時的に停止しなければ，選任はできません。

　両親等が婚姻関係にある場合には，夫婦共同親権となり，問題はさらに複雑となります。すなわち，両親の意向が異なると，一方の意向のみで契約を結ぶことができず，両親の意向の調整も社会福祉支援者には求められることになります。これは，子ども虐待にかかわる社会福祉支援場面では，大きな壁として立ちはだかることがあります。

　人権・権利の視点からも，社会福祉支援の視点からも，子どもは独立した固有の人格の主体としてみなされるべきことは自明ですが，実際の支援場面では必ずしもこのように単純には整理できないということです。保護者や家庭は，生活の単位であることを基本として，問題の発生

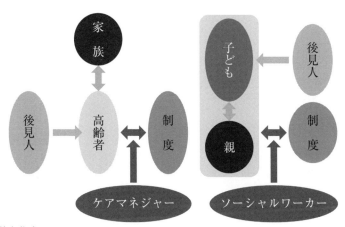

出典：筆者作成

図6-3　成人（介護保険制度の利用者）と子どもの社会福祉支援の構造の違い

を予防したり，解決したりするだけでなく，時には，問題を生じさせる
場でもあり，問題を生じさせる要因ともなります。

　社会生活次元で個人と家庭との関係をとらえると，①個人（子ども）
を主体としてとらえ，家庭を客体としてとらえる社会関係（社会福祉支
援の基本的視点）と，②個人（子ども）が所属する家庭を主体としてと
らえ，他の社会制度を客体としてとらえる，といった2つの意味合いが
あるということです。すなわち，子ども家庭福祉の支援においては，子
どもと向き合う支援と家庭に向き合う支援という2つの軸があること，
また，時にはそれが矛盾した関係で存在するということです（図6-3）。

4. 子ども家庭福祉の支援者

　子ども家庭福祉の分野では，さまざまな人びとが働いています。表

表6-2　子ども家庭福祉の支援者と主たる職場

分　類	職　種	主たる職場
公的機関	児童福祉司 社会福祉主事 家庭相談員 家庭裁判所調査官 法務教官	児童相談所 福祉事務所 家庭児童相談室 家庭裁判所 少年院　少年鑑別所
子ども家庭福祉施設	保育士 保育教諭 児童指導員 母子支援員 児童の遊びを指導す るもの 家庭支援専門相談員 個別対応職員 里親支援専門相談員	保育所　乳児院　児童養護施設　児 童心理治療施設　等 認定こども園 児童養護施設　障害児入所施設　等 母子生活支援施設 児童厚生施設（児童館　児童遊園） 乳児院　児童養護施設　児童心理治 療施設　児童自立支援施設 上記4施設に加え，母子生活支援施 設 乳児院　児童養護施設
地　域		児童委員（主任児童委員） 保護司 里　親

出典：筆者作成

6-2に代表的な職種と主たる職場を示しています。

　公的機関に所属する職種は，すべて公務員ですから，常勤職員として働く場合，公務員試験に合格する必要があります。このうち，家庭裁判所調査官と法務教官は国家公務員となります。それ以外は，地方公務員です。

　子ども家庭福祉施設で働く支援者には，基本的な生活を支える，保育士，保育教諭，児童指導員，母子支援員などのような職種と，家庭支援専門相談員，個別対応職員，里親支援専門相談員のように，特定の機能を中心的に担う職種があります。

　上記2段落に該当する職種のうち，保育士および保育教諭については資格や免許が必要ですが，他の職種は，任用要件が示されているのみです。このうち，児童福祉司，児童指導員，母子支援員，家庭支援専門相談員，里親支援専門相談員については，少なくとも社会福祉士の資格が任用要件のひとつとして位置づけられています。

　地域の支援者は，職業ではなく，無給職として位置づけられているものです。児童委員（主任児童委員）は，児童福祉法に規定され，厚生労働大臣から委嘱を受けます。保護司は保護司法に規定され，法務大臣から委嘱を受けます。里親は類型によって研修の受講が義務づけられています。里親については，給与は支払われませんが手当は支給されます。

〉〉 注
1）職権介入は緊急性や安全の確保などを目的としておこなわれます。通常の支援は，同意と申請に基づいておこなわれます。
2）民法第5条第1項：未成年者が法律行為をするには，その法定代理人（筆者注：親権をおこなうものはこれに含まれる）の同意を得なければならない。ただし，単に権利を得，又は義務を免れる法律行為については，この限りでない。

①ソーシャルワークの国際定義の全文に目を通しておいてください。
②専門職にとって，倫理綱領はなぜ重要なのでしょうか。

参考文献

● 岩間伸之（2000），ソーシャルワークにおける媒介実践論研究，中央法規出版

【概　要】ジェネラリストソーシャルワークが日本で普及するきっかけのひとつとなった研究書であり，少し難しい内容ですがチャレンジしてほしいと思います。ソーシャルワーカーが，環境と人とを対等に向き合わせるための具体的な手法も示されています。より具体的に学びたい人には，同著者による『対人援助のための相談援助技術』（中央法規出版，2008）をお薦めします。

● 鈴木庸裕・野尻紀恵編（2018），学校でソーシャルワークをするということ―教職経験をもつスクールソーシャルワーカーが伝えたい

【概　要】貧困，不登校，虐待などの問題に対応するため学校へのソーシャルワーカーの配置が進められています。本著は，教員とソーシャルワーカーの具体的な実践事例が多く掲載されており，実践家にも役に立ちます。

● 幸重忠孝・村井琢哉（2018），まちの子どもソーシャルワーク，かもがわ出版

【概　要】子どもの貧困問題に取り組んできた，大津市で活動する NPO 法人こどもソーシャルワークセンター，および京都市山科区で活動する NPO 法人山科醍醐こどものひろばの代表者が，地域に適切な NPO 法人が存在していなくても，社会福祉協議会を核に仕組みづくりが可能であることを具体的に示した提案の書。歩いて来られる範囲（中学校区）での，子どもソーシャルワークの推進を提言しています。

7 | 子ども家庭福祉相談と子どもの人権

《**本章の目標＆ポイント**》　子ども家庭福祉に限らず，社会福祉のいずれの分野においても，相談は重要な意味をもちます。子どもの人権を守るための入り口といってもいいかもしれません。

　社会福祉の専門的相談支援の体系や基本については，第6章で学習したところです。本章ではさらにそれを深め，専門相談者の基本姿勢，福祉相談機関の内容などについて学習します。

《**キーワード**》　自己覚知，バイスティックの7原則，相談支援機関，児童相談所，子ども家庭総合支援拠点，子育て世代包括支援センター

1. 福祉支援における相談の意味

　問題を感じている人が主体的に相談にやってくるか，相談支援機関等が積極的に出かけていくかは別にして，福祉支援の始まりは問題を抱えた人（生活者）と，支援者との出会いから始まります。支援者が積極的に出かけて，問題を解決する，あるいはサービスを届けていく手法をアウトリーチ（outreach）といいます。

　福祉サービスの利用が必要と考えられる者のなかには，問題に気がついていなかったり，世間体や生きる意欲の喪失などから，問題の解決に積極的でなかったりする人もいます。アウトリーチはこのような状況にある人に対するアプローチ法として重要です。

　相談は，問題の解決あるいは緩和への入り口であるとともに，その後の生活に寄り添っていくことを，生活者とともに確認しあう重要な場面

となります。

　支援者は，相談を入り口として，円滑な支援関係を構築することに注力することが必要です。支援者と生活者との信頼関係は，支援関係を左右します。このような信頼関係を，ラポール（rapport）ということがあります。ラポールは，心理学に起源をもつ概念ですが，現在では，対人援助職に共通の重要な概念として普及しています。さらに，一般の人間関係で用いられることもあります。

2. 相談者の基本姿勢

（1）支援者の自己覚知

　社会福祉支援の基本は，クライエントの生活のしづらさを，できるだけクライエントの視点で，主体的に解決する環境を整えることにあります。逆にいうと，一般社会の価値観や判断を基準にしてものごとを考え，善し悪しを決めたり，ましてや，支援者の判断や価値基準を押しつけたりすることではないということです。したがって，社会福祉支援者には，クライエントがそれまで生活してきた経過，クライエントが気づいているか否かにかかわらず巻き込まれている問題，これから歩むであろう生

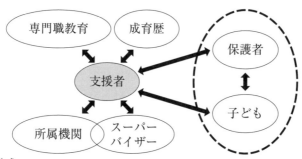

出典：筆者作成

図7-1　支援者の葛藤

活を理解し，相手の世界・文化のなかで考えることが求められます。

　支援者も一人の人間です。育ってきた背景から完全に自由になることは困難です。専門教育や研修で身につけた知識・技術を実際の現場で適用することの困難性に直面することもあります。さらには，所属機関の方針や同僚の考え方との間で葛藤することがあるかもしれません。保護者と子どもの意向がずれたり，保護者と支援者の思いが相容れない状況になったりした場合には，子ども家庭福祉の専門家として，対応に苦慮することも考えられます。

　すなわち，支援者はつねに心のなかで葛藤しながら，仕事に取り組んでいるということです（**図7-1**）。前段の内容を踏まえると，これは，支援者によって異なるということを意味します。

　このような状況に対処するには，支援者自身が，自分の偏り，こだわり，見逃しがちな視点などを十分に理解しておく必要があります。これを自己覚知（self-awareness）といいます。しかしながら，社会福祉支援者が常に完璧であることは困難です。問題に直面し，悩んだり，立ち往生したり，あるいは無意識のままに不適切な対応をしてしまっていることも考えられます。その際，一緒に考えてくれる先輩や仲間が必要となります。スーパーバイザー注1）はその機能を担います。

（2）バイスティックの7原則

　日本では，ソーシャルワークの原則として，支援者が大切にしている

表7-1　バイスティックの7原則

①個別化（individualization） ②受容（acceptance） ③意図的な感情表出（purposeful expression of feeling） ④統制された情緒的関与（controlled emotional involvement） ⑤非審判的態度（nonjudgmental attitude） ⑥自己決定（self-determination） ⑦秘密保持（confidentiality）

出典：フェリックス・P・バイスティック（1957），ケースワークの原則より作成

ものとして，フェリックス・P・バイスティック（Felix P. Biestek）が提唱した7原則があります。7原則は，**表7-1** に示す内容です。

　これは，『ケースワークの原則』注2）（1957）という書籍で紹介されたものです。あくまでも，個別支援である（ソーシャル）ケースワーク注3）の原則を示したものであり，対象や方法によって分化していたソーシャルワークの統合化が図られ，地域基盤の支援が重視されている今日では，追加すべき原則もありますが，この7つの意味合いが失われたわけではありません。

（3）法律による規制

　国家資格となっている専門職については，社会的信頼を確保するために支援者に対して課せられている義務等が法律に規定されています。これを，子ども家庭福祉領域で相談支援等にかかわる代表的な資格である，社会福祉士（介護福祉士もほぼ同様の規定なので表には含めてあります）と保育士について整理したのが**表7-2** です。

　保育士には，信用失墜行為の禁止，秘密保持義務，名称の使用制限などの規定があります。社会福祉士には，これら3つに加え，誠実義務という規定があります。

　法律では，秘密保持義務に違反すると，保育士の場合，1年以下の懲役または50万円以下の罰金，社会福祉士の場合，1年以下の懲役または30万円以下の罰金に処する，とされています。また，信用失墜行為については，保育士，社会福祉士いずれも，名称の取り消し，使用停止の処分がおこなわれることがあります。名称の使用制限に違反すると，これに加え，30万円以下の罰金に処する，とされています。

表 7-2　専門職に法的に課せられている義務

---

1. **児童福祉法（保育士）**
【信用失墜行為の禁止】（第 18 条の 21）
　保育士は，保育士の信用を傷つけるような行為をしてはならない。
【秘密保持義務】（第 18 条の 22）
　保育士は，正当な理由がなく，その業務に関して知り得た人の秘密を漏らしてはならない。保育士でなくなつた後においても，同様とする。
【名称の使用制限】（第 18 条の 23）
　保育士でない者は，保育士又はこれに紛らわしい名称を使用してはならない。

2. **社会福祉士及び介護福祉士法**
【誠実義務】（第 44 条の 2）
　社会福祉士及び介護福祉士は，その担当する者が個人の尊厳を保持し，自立した日常生活を営むことができるよう，常にその者の立場に立つて，誠実にその業務を行わなければならない。
【信用失墜行為の禁止】（第 45 条）
　社会福祉士又は介護福祉士は，社会福祉士又は介護福祉士の信用を傷つけるような行為をしてはならない。
【秘密保持義務】（第 46 条）
　社会福祉士又は介護福祉士は，正当な理由がなく，その業務に関して知り得た人の秘密を漏らしてはならない。社会福祉士又は介護福祉士でなくなつた後においても，同様とする。
【名称の使用制限】（第 48 条）
　社会福祉士でない者は，社会福祉士という名称を使用してはならない。
　2　介護福祉士でない者は，介護福祉士という名称を使用してはならない。

出典：児童福祉法，社会福祉士及び介護福祉士法

3. 代表的な相談支援機関

　子どもの人権を守るための代表的な相談支援機関には，児童相談所，子ども家庭総合支援拠点，福祉事務所（家庭児童相談室），母子健康包括支援センター（通称，子育て世代包括支援センター），児童家庭支援

センターなどがあります。以下，これらについて簡単に紹介していきます。

（1）児童相談所

　児童相談所は都道府県，政令指定都市には必ず設置しなければなりません（義務設置）。中核市や東京都の特別区でも設置することができます（任意設置）。名称は，子ども家庭センター，こども相談センターなど多様で，2019年4月現在で，215か所設置されています。

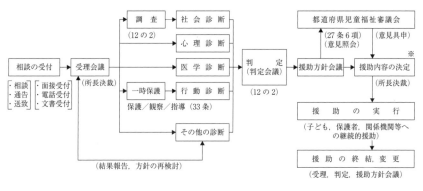

出典：厚生労働省，児童相談所運営指針

図7-2　児童相談所における相談援助活動の体系・展開

　児童相談所は，⑦子どもに関するさまざまな問題について家庭その他からの相談，①子どもおよびその家庭について，必要な調査，医学的・心理学的・教育学的・社会学的および精神保健上の判定，⑨子どもおよびその保護者について，調査または判定に基づいて必要な指導，②一時保護，などをおこなっています。

　児童相談所には，所長および所員（児童福祉司，児童心理司など）が置かれ，**図 7-2** に示すような流れで，業務を遂行しています。

　児童相談所では，現在，年間 50 万件近い相談を受け付けています（**図7-3**）。途中での増減はありますが，長期的にみると増加傾向です。とりわけ，この 5 年間くらいは急増しています。相談の種別では，養護相談がもっとも多く 45.9％（うち，虐待相談のみで 32.8％），次は障がい相談の 37.5％（うち，療育手帳の発行業務を含む知的障がい相談のみで31.1％）となっています注4）。

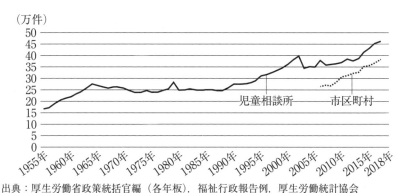

出典：厚生労働省政策統括官編（各年板），福祉行政報告例，厚生労働統計協会

図 7-3　児童相談所および市区町村における子ども家庭福祉相談受付件数の推移

（2）子ども家庭総合支援拠点

　2016年の児童福祉法改正で，「市町村は（中略），児童及び妊産婦の福祉に関し，実情の把握，情報の提供，相談，調査，指導，関係機関との連絡調整その他の必要な支援を行うための拠点の整備に努めなければならない」（第10条の2）という規定が設けられました。もともと，市区町村は，すべての子どもの権利を擁護するための主要な相談機関として位置づけられており，保護を要する子どもを発見した際の3つの通告窓口の最初に記載されていました注5)。法改正は，このことをより強く求めていることになります。

　この規定に基づく拠点を，子ども家庭総合支援拠点といいます。その業務は，表7-3に示すとおりです注6)。子ども家庭総合支援拠点の設置は，法律上は努力義務ですが，厚生労働省では，2022年度には，全市区町村に設置を目指すとしています（2018年2月現在114か所）。これに合わせ，2005年に作成された「市町村児童家庭相談援助指針」も改められ，「市町村子ども家庭支援指針」となりました。

表7-3　子ども家庭総合支援拠点の業務

1. **子ども家庭支援全般に係る業務**
   ①実情の把握　②情報の提供　③相談等への対応　④総合調整
2. **要支援児童・要保護児童・特定妊婦等への支援業務**
   ①相談・通告の受付　②受理会議（緊急受理会議）　③調査
   ④アセスメント　⑤支援計画の作成等　⑥支援及び指導等
   ⑦児童記録票の作成　⑧支援の終結
3. **関係機関との連絡調整**
   ①要保護児童対策地域協議会の活用　②児童相談所との連携・協働
   ③他関係機関・地域における各種協議会等との連携
4. **その他の必要な支援**

出典：児童福祉法

　現在，市区町村では，年間 40 万件近い子ども家庭福祉相談を受け付けています（**図 7-3**）。統計が発表されるようになって十数年ですが，件数は 1.5 倍以上と急増しています。相談の種別では，養護相談がもっとも多く 56.8％（うち，虐待相談のみでは 31.0％），続いて，育成相談 18.7％，障がい相談 7.5％（うち，発達障がい相談のみで 4.1％）となっています^{注7）}。児童相談所の相談種別と比べると，養護相談および育成相談の割合が高く，障がい相談の割合が低くなっています。

（3）福祉事務所

　福祉事務所は社会福祉法第 14 条に基づき設置されるもので，都道府県および市が義務設置，町村は任意設置となっています。法律上は，福祉に関する事務所とされていますが，多くは福祉事務所と呼ばれています。保健部門と統合して，保健福祉センターなどと呼ぶ自治体もあります。福祉事務所は，2017 年 4 月現在で，1,247 か所（県 207，市 997，町村 43）設置されています。

　福祉事務所における子ども家庭福祉関連業務は，㋐子どもおよび妊産婦の福祉に関し必要な実情の把握，㋑子どもおよび妊産婦の福祉に関する事項についての相談および調査などを通じて，個別的または集団的に必要な指導をおこなうことです。また，助産施設および母子生活支援施設の申し込みの窓口として，重要な役割を担っています。

　福祉事務所では，社会福祉主事が主に相談活動にあたります。また，福祉事務所の多くには，家庭児童相談室が設置（任意設置）されており，児童相談所などと連携しながら，地域の親子の相談にあたっています。しかしながら，児童福祉法の改正により，子ども家庭福祉相談の第一義的窓口が市区町村となったこと，また，子ども家庭総合支援拠点の設置が進められるようになったことなどにより，家庭児童相談室の固有性は

薄らぎつつあります。

（4）子育て世代包括支援センター

　子育て世代包括支援センターは，2016年の母子保健法改正で，母子
健康センターを発展させ，設置されたものです（第22条）。法律上は，
母子健康包括支援センターとなっていますが，一般には，子育て世代包
括支援センターと呼ばれます。地域によっては，このモデルとなった
フィンランドの制度になぞらえ，ネウボラ（neuvola）[注8]と呼んでい
るところもあります。

　子育て世代包括支援センターは，「妊産婦や乳幼児の実情を把握し，
妊娠・出産・子育てに関する各種の相談に応じ，必要に応じて支援プラ
ンの策定や，地域の保健医療・福祉に関する機関との連絡調整を行い，
母子保健施策と子育て支援施策との一体的な提供を通じて，妊産婦及び
乳幼児の健康の保持・増進に関する包括的な支援をおこなうことによ
り，地域の特性に応じた妊娠期から子育て期にわたる切れ目のない支援
を提供する体制を構築すること」[注9]を目的としています。

（5）児童家庭支援センター

　児童家庭支援センターは，児童福祉法に規定されている施設です。事

表7-4　児童家庭支援センターの業務（児童福祉法第44条の2要約）

①地域の児童の福祉に関する各般の問題につき，児童に関する家庭その
　他からの相談のうち，専門的な知識及び技術を必要とするものに応じ，
　必要な助言を行う
②市町村の求めに応じ，技術的助言その他必要な援助を行う
③第26条第1項第2号及び第27条第1項第2号の規定による指導を行う
④児童相談所，児童福祉施設等との連絡調整を行う

出典：児童福祉法

業内容は，**表7-4** に示すとおりです。児童家庭支援センターは，2019年現在で，全国に 132 施設設置されています。

　多くの児童家庭支援センターでは，子ども虐待の発生予防や親子関係の再構築支援，こころの傷の回復を目指した専門的ケアを実施して，家族全体が抱える問題に寄り添い続ける伴走型支援や，一人ひとりの成長に合わせた長期的視点での自立支援を実践しています。

（6）その他の相談支援機関

　これ以外にも，子ども家庭福祉の相談を機関の機能の一部に位置づけているものとして，利用者支援事業（一般型，特定型，母子保健型），地域子育て支援拠点事業，発達障害者支援センター，児童委員などが整備されています。

　福祉以外の部門でも，教育センター・教育研究所，保健所，市区町村保健センター，家庭裁判所，保護観察所，配偶者暴力相談支援センター，人権擁護委員，などが子どもや保護者の相談支援にあたっています。

4．相談支援の課題

　相談支援の課題としては，大きく4つ指摘しておきます。

　第1は，利用のしやすさとわかりやすさを意識しつつ，平面的視点で，複層かつ多層的な相談機関の整備をおこなうことです。たとえば，問題の状況や背景が整理できていない人がいるとします。このような場合，問題を整理し適切な制度や機関を紹介するような，ワンストップ型の総合的な相談窓口が適切となります。一方，問題が整理できており，より専門的で具体的なサービスが必要だと感じている人の場合，専門的な相談機関が適切となります。当然のことながら，両者は関連しているものですから，ネットワーク化あるいはシステム化という課題も生じます。

第2は，垂直的視点での整備です。これは，第1の視点とも一部重なりますが，面としての市区町村と，都道府県との関係のシステム化です。相談機関が多様化すると，市区町村と都道府県の役割を緩やかながら整理しなければ，混乱が生じかねません。

第3は，供給主体の多様化です。法律に基づく公的相談機関がすべての相談に対応するには限界があります。法律や制度内での民間機関活用は進んでいますが，利用者のなかには，公的相談機関を利用しにくいような状況にある人もいます。このようなケースに対応するには，公的相談機関のアウトリーチと，安心と安全を確保した純粋民間機関の支援ということも考えられます。熊本市にある慈恵病院が設置している「こうのとりのゆりかご」の相談機能は代表的な例です。

第4は，子ども自身に直接寄り添うアドボケーターの検討です。子ども自身が保護者や制度と対等な関係で向き合うことができなければ，真の子どもの最善の利益は確保できません。多くは，これを保護者が担いますが，社会的養護問題を抱える家庭や，障がい児の保護者の場合，時にはこれが遂行できなくなることがあります。

〉〉注

1）第 6 章参照。

2）この書籍は，2 度翻訳されています。①田代不二男・村越芳男訳（1965），ケースワークの原則—よりよき援助を与えるために，誠信書房，②尾崎新・福田俊子・原田和幸訳（2006），ケースワークの原則—援助関係を形成する技法，誠信書房。

3）ソーシャルワークの統合化が図られる前は，個別支援を（ソーシャル）ケースワーク，小集団支援を（ソーシャル）グループワーク，地域支援をコミュニティ・オーガニゼーション（コミュニティワーク）と呼んでいました。

4）厚生労働省政策統括官編（2020），平成 30 年度福祉行政報告例，厚生労働統計協会。

5）児童福祉法第 25 条　要保護児童を発見した者は，これを市町村，都道府県の設置する福祉事務所若しくは児童相談所又は児童委員を介して市町村，都道府県の設置する福祉事務所若しくは児童相談所に通告しなければならない。

6）厚生労働省（2017），「市区町村子ども家庭総合支援拠点」設置運営要綱。

7）厚生労働省政策統括官編（2020），平成 30 年度福祉行政報告例，厚生労働統計協会。

8）行政が，妊娠，出産，子育て支援に関して，相談，助言，情報提供などを提供するものです。母親を中心に，妊娠期から子どもが小学校入学するまで，家庭の子育て問題に対して，担当保健師が一貫して対応にあたることを特徴としています。

9）雇児発 0331 第 5 号（2017），子育て世代包括支援センターの設置運営について（通知）を要約。

 ①福祉の相談に応じる際に気をつけなければならないことを改めて整理してみてください。
②児童相談所，家庭児童相談室など，地域にある相談機関を訪れ，どのような仕事をしているか確かめてみましょう。

参考文献

● 増沢高（2018），ワークで学ぶ子ども家庭支援の包括的アセスメント―要保護・要支援・社会的養護児童の適切な支援のために，明石書店

　【概　要】相談の初期段階でおこなうのがアセスメントです。アセスメントを間違えると，問題を正しく整理できず，支援の失敗につながります。本著では，具体的事例が提示されており，シート等を活用しながら，ワーク形式で学ぶことができます。

● 宮本節子（2013），ソーシャルワーカーという仕事，ちくまプリマー新書

　【概　要】著者は，中高生向けに，ソーシャルワーカーという仕事を解説したと書いておられますが，著者自身の豊富な経験が事例として紹介されており，はじめてソーシャルワークを学ぶ人には，入門書として推薦できるものです。

● 青山さくら・川松亮（2020），ジソウのお仕事―50の物語（ショートストーリー）で考える子ども虐待と児童相談所，フェミックス

　【概　要】児童相談所で働く人たちの日常の姿を，50の物語から解説したもので，具体的でかつ読みやすい内容となっています。関心があるところ，どこからでも読むことができます。

8 | 貧困と子どもの人権

《**本章の目標&ポイント**》 貧困は，社会福祉の問題としてもっとも初期から意識されていた領域ですが，経済成長にともない，一時期忘れ去られつつある状況となっていました。ところが，OECD が相対的貧困率の国際比較を公表するようになると，日本は，とりわけ子どもの貧困率が高いことが明らかとなりました。本章では，子どもの貧困の実態を明らかにするとともに，その対策や課題を学習します。
《**キーワード**》 貧困のとらえ方と意味，子どもの貧困の実態，子どもの貧困と国際動向，子どもの貧困への取り組み，子どもの貧困対策の課題

1. 貧困とは何か

（1）貧困のとらえ方と意味

　貧困問題は，社会福祉や社会保障が常に取り組んできた課題です。初期は，それぞれの国が，社会福祉，社会保障，社会政策等の枠組みで，国民を主たる対象として取り組んでいました。

　貧困に関する研究には，古くは，チャールズ・ブース^{注1）}やシーボーム・ラウントリー^{注2）}らによる貧困線の研究があります。貧困線は，貧困の基準を示すものですが，ブースやラウントリーの研究は，特定の国のなかでの絶対的貧困を基礎とするもので，国際比較にはあまり向いていませんでした。

　国際比較等を意識した場合，絶対的貧困を基準とすると，開発の進んだ国が豊かで，開発が遅れている国は貧しいという単純な答えしか示す

ことができません。そこで開発されたのが，相対的貧困という考え方です。現在では，貧困率という場合，相対的貧困率を指すことが多くなっています。とりわけ子どもの貧困率に関しては，この指標を用いることがほとんどです。

相対的貧困率は，等価可処分所得[注3]の中央値[注4]のさらに半分に満たない世帯員の割合を示しています。「子どもの貧困」という場合には，「18歳未満」の子どものいる世帯について，同様の算式に基づいて算出します。

また，子どもの貧困率をさらに詳細に分析する際に，①子どもがいる現役世帯の貧困率，②子どもがいる現役世帯のうち大人が2人以上の世帯の貧困率，③子どもがいる現役世帯のうち大人が1人の世帯の貧困率，という指標が用いられることがあります。このうち①は，18歳未満の子どもと18歳以上65歳未満の世帯主の世帯と明確に示すことができます。しかしながら，②は，多くが夫婦と子どもの世帯と推察されますが，なかには，ひとり親家庭とその親，祖父母とその孫だけの世帯なども含まれていることになります。また，③の多くは母子家庭と推察されますが，父子家庭も一定の割合で存在しています。また，例外的ですが，18歳未満の子どもと，18歳以上の世帯主である「きょうだい」からなる世帯も含まれます。

相対的貧困率は，国際比較の基準として有効であるだけでなく，国内の貧困の格差を明らかにする際にも有効です。絶対的貧困という基準を用いた場合，貧困率を限りなくゼロに近づけ，それが達成できたときには，貧困対策は不要となります。一方，相対的貧困という基準を用いた場合，いかなる状況においても「貧困」状態にあるものを想定することが可能となります。

（2）子どもの貧困の実態

　厚生労働省は，「国民生活基礎調査」に基づき，3 年ごとに日本の貧困率を公表しています。このうち，子どもの貧困率を中心に推移を示したのが**図 8-1** です。国際的にみた場合，日本の貧困率は高いと指摘さ

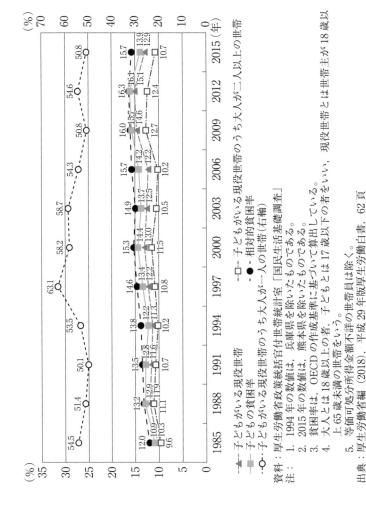

図 8-1　子どもの貧困率

れています。2016 年の OECD によるデータでは，加盟 34 か国のなか
の 14 番目です。

　ただし，政策効果も見ることができます。2003 年を除いて緩やかに上
昇し続けていた貧困率が，2015 年調査では 15.7％となり，2012 年調査
に比べて 0.6 ポイント低下しました。子どもの貧困率も同様の傾向を示
していますが，2015 年調査では 13.9％となり，2012 年調査に比べ 2.2 ポ
イントと大幅に低下しています。これは，子どもについての取り組みが，
一般世帯への取り組み以上に功を奏しているということができます。

　子どもの貧困率を世帯類型で比較してみると，「子どもがいる現役世
帯のうち大人が 2 人以上の世帯」の貧困率がもっとも低く（10.7％），
次が「子どもがいる現役世帯」の 12.9％です。後者には「大人が 1 人」
の世帯も含まれているため，少し割合が高くなっています。子ども全体
の貧困率がさらに高い理由には，「現役世帯」以外の世帯が含まれてい
ることによると考えられます。

　「子どもがいる現役世帯のうち大人が 1 人の世帯」は，前項で示した
ように，ほとんどがひとり親世帯であり，かつその多くが母子世帯と推
察されます。これについても，2012 年調査に比べ，2015 年調査では 3.8
ポイントともっとも低下率が大きくなっています。「子どもがいる現役
世帯のうち大人が 1 人の世帯」の貧困率がもっとも高かったのは 1997
年の 63.1％で，20 年弱の間に 10 ポイント以上低下しています。ただし，
依然として 5 割を超えており，子ども全体の貧困率の 4 倍弱で，経済面
からみたひとり親世帯の生活状況は決して楽になったとはいえません。

2. 子どもの貧困と国際動向

（1）SDGs と貧困

　SDGs^{注5）} の 17 の目標の第 1 番目は，「貧困をなくそう（あらゆる場所のあらゆる形態の貧困を終わらせる）」という命題で，貧困問題が取り上げられています。さらに，この目標を達成するために，6 つのターゲット（取り組み課題）を示しています。このうち，明確に「子ども」が表現されているのは第 2 ターゲットで，「2030 年までに，各国定義によるあらゆる次元の貧困状態にある，全ての年齢の男性，女性，子どもの割合を半減させる」と，子どもの貧困率の半減を目標として掲げています。

　OECD が子どもの貧困率の国際比較を公表することになって以降，

表 8-1　国連子どもの権利委員会からの子どもの貧困に関する指摘事項

> 　10．児童の相対的貧困率がこの数年高いままであることに鑑み（中略），委員会は，締約国が，児童の権利の視点を含み，児童に対する明確な配分額を定め，かつ本条約（著者注：子どもの権利条約）の実施のための資源分配の妥当性，有効性及び衡平性の監視及び評価を行うための具体的指標及び追跡システムを包含した予算策定手続を確立するよう，強く勧告する。（中略）
> （d）子供・若者育成支援推進大綱の実施のために十分な資源を配分すること。
> 　11．（中略）委員会は，締約国が，本条約の全ての分野，特に児童の貧困，児童に対する暴力，乳幼児期のケア及び発達の分野において，年齢，性別，障害，地理的所在，民族的出自及び社会経済的背景ごとに細分化されたデータ収集システムを改善するとともに，当該データを政策立案及びプログラム策定のために活用するよう勧告する。
> 　38．（中略），（b）児童の貧困及び社会的排除を低減させるための戦略や措置を強化するため，家族及び児童と的を絞った協議を実施すること。
> （c）子供の貧困対策に関する大綱を実施するために必要なあらゆる措置をとること。

出典：外務省，日本の第 4 回・第 5 回政府報告に関する総括所見
https://www.mofa.go.jp/mofaj/files/000464155.pdf

日本では，子どもの貧困問題への取り組みが進んでいますが，この問題は，国連をあげての課題となっています。

（2）国連子どもの権利委員会からの指摘

　国連子どもの権利委員会は，これまで日本に対して，5回[注6]にわたって，政府報告に関する総括所見を述べています。このうち，第1回を除き，すべての回に，子どもの貧困に対する内容が含まれています。その内容は，次第に具体的かつ指摘範囲を拡大しています。もっとも新しい第4回・第5回の勧告は，**表8-1**に示すとおりです。

　前項で示したように，日本の子どもの貧困率は少し低下しました。しかしながら，国連子どもの権利委員会の評価は，**表8-1**の第10パラグラフにみられるように，「子どもの相対的貧困率が高いままである」という認識を示し，「予算策定手続を確立するよう，強く勧告する」という厳しい表現を用いています。また，そのために，子供・若者育成支援推進大綱の実施のための予算確保，さらに第38パラグラフでは，子供の貧困対策に関する大綱を実施するための措置も求めています。

3. 子どもの貧困への取り組み

（1）子どもの貧困への取り組みの枠組み

　わが国の子どもの貧困への取り組みは，さまざまな法律や施策に基づいて推進されています。そのなかでも代表的なものは，子どもの貧困対策，子ども・若者育成支援策，ひとり親家庭支援策です。以下，これらについて概観していきます。

（2）子どもの貧困対策

　バブル景気（1986〜1991）崩壊以降の日本の景気動向を，「失われた

20年」と表現されることがあります。この間，景気は著しく低迷し，企業の倒産，合併，企業経営の外資移行などが進みました。その結果，失業者，非正規就業者，路上生活者などが増加し，国民の生活は疲弊しました。

　このような状況のなかで，ホームレスの自立の支援等に関する特別措置法（2002）などにより，生活の安定策が推進されました。徐々に景気の改善が図られていきましたが，これをさらに強化するため，2013年には，生活困窮者自立支援法が成立しています。この法律は，生活保護や生活困窮に至る前で，自立が見込まれるものを対象とし，官民協働による地域の支援体制を構築し，生活困窮者の自立の促進に関し，包括的な事業（生活困窮者自立支援事業）を実施するものです。

　同年に，子どもの貧困対策の推進に関する法律（通称，子どもの貧困対策推進法）も成立しています。この法律の目的および理念は，「現在から将来にわたって，全ての子どもたちが前向きな気持ちで夢や希望を持つことのできる社会の構築を目指す」「子育てや貧困を家庭のみの責任とするのではなく，地域や社会全体で課題を解決するという意識を強く持ち，子どものことを第一に考えた適切な支援を包括的かつ早期に講じる」ことにあります。

　この法律では，国に対して，子どもの貧困対策大綱策定の義務，都道府県および市町村に対して，子どもの貧困対策についての計画（子どもの貧困対策計画）策定の努力義務を課しています。また，これらを総合的に展開するため，内閣総理大臣を会長とする「子どもの貧困対策会議」も設置されています。「子供の貧困対策に関する大綱」[注7]は，2014年に公表（2019年11月改定）されました。大綱の概要は，図8-2に示すとおりです。大綱は，この法律に基づく施策推進の理念を示すとともに，推進課題を明確にしています。

I 目的・理念

○現在から将来にわたって、全ての子供たちが前向きな気持ちで夢や希望を持つことのできる社会の構築を目指す。
○子育てや貧困を家庭のみの責任とするのではなく、地域や社会全体で課題を解決するという意識を強く持ち、子供のことを第一に考えた適切な支援を包括的かつ早期に講じる。

II 基本的な方針

○親の妊娠・出産期からの子供の社会的自立までの切れ目ない支援
○支援が届いていない、又は届きにくい子供・家庭への配慮
○地方公共団体による取組の充実
など

III 子供の貧困に関する指標

○生活保護世帯に属する子供の高校・大学等進学率
○高等教育の修学支援新制度の利用者数
○食料又は衣服が買えない経験
○子供の貧困率
○ひとり親世帯の貧困率
など、39の指標

IV 指標の改善に向けた重点施策

教育の支援

○幼児教育・保育の無償化の推進及び質の向上
○地域に開かれた子供の貧困対策のプラットフォームとしての学校指導・運営体制の構築
・スクールソーシャルワーカーやスクールカウンセラーが機能する体制の構築、少人数指導や習熟度別指導、補習等のための指導体制の充実等を通じた学校教育による学力保障
○高等学校等における修学継続のための支援、高校中退の予防のための取組、高校中退後の支援
○大学進学に対する教育機会の提供
○特に配慮を要する子供への学習支援
○教育費負担の軽減
○地域における学習支援等

生活の安定に資するための支援

○親の妊娠・出産期、子供の乳幼児期における支援
・特定妊婦等困難を抱えた女性の把握と支援 等
○保護者の生活支援
・保護者の自立支援、保育等の確保 等
○子供の生活支援
○子供の就労支援
○住宅に関する支援
○児童養護施設退所者等に関する支援
・家庭への復帰支援、退所等後の相談支援
○支援体制の強化

保護者に対する職業生活の安定と向上に資するための就労の支援

○職業生活の安定と向上のための支援、職場定着と家庭が安心して両立できる働き方の実現
・所得向上策の推進、職場定着や再就職支援
○ひとり親に対する就労支援
○ふたり親世帯を含む困窮世帯等への就労支援

経済的支援

○児童手当・児童扶養手当制度の着実な実施
○養育費の確保の推進
○教育費負担の軽減

図8-2 子供の貧困対策大綱の概要

出典：内閣府，現行の子供の貧困対策大綱概要（2019年11月29日閣議決定）を一部改変。
https://www8.cao.go.jp/kodomonohinkon/pdf/r01-tailkou_gaiyou.pdf

　重点施策としては，教育の支援，生活の支援，保護者に対する就労の支援，経済的支援の4領域を示しています。さらに，教育の支援ではその他を含め8つの方向，生活の支援では7つの方向，保護者に対する就労の支援では3つの方向，経済的支援では3つの方向が示されています（図8-2）。

（3）子ども・若者育成支援策

　有害情報の氾濫，子ども・若者をめぐる環境の悪化，ニート，ひきこもり，不登校，発達障がいなどの子ども・若者の抱える問題の深刻化・多様化など，個別分野における縦割り的な対応では限界のある問題が生じています。子ども・若者育成支援のための取り組みは，このような背景のもとで，子ども・若者の健やかな成長と，円滑な社会生活の遂行を図ることを目的として進められています。このため，2009年，国は，子ども・若者育成支援推進法を制定しました。子ども・若者育成支援は，子どもたちの将来の生活の安定を図るための施策であり，貧困や生活困窮の予防的あるいは回復的支援の意味をもっています。

　この法律では，国に対して，子ども・若者育成支援施策の推進を図るための大綱（子供・若者育成支援推進大綱）策定の義務，都道府県および市町村に対して，区域内における子ども・若者育成支援についての計画（子ども・若者計画）の策定の努力義務を課しています。また，これらを総合的に展開するため，内閣府に担当特命大臣を配置するとともに，内閣総理大臣を本部長とする，子ども・若者育成支援推進本部が設けられています。さらに，地方自治体には，子ども・若者支援地域協議会の設置が努力義務として課せられています。

　大綱は，2010年，「子ども・若者ビジョン」として発表されましたが，2016年に見直しがおこなわれ，「子供・若者育成支援推進大綱」となりま

1. 全ての子供・若者の健やかな育成	2. 困難を有する子供・若者やその家族の支援
(1)自己形成のための支援 ①日常生活能力の習得 ・インターネットの適切な利用に関する学習活動の推進 等 ②学力の向上　③大学教育等の充実 (2)子供・若者の健康と安心安全の確保 ①健康教育の推進と健康の確保・増進 等 ・心の健康，薬物乱用，発達段階に応じた性に関する知識の教育の充実 等 ・妊娠・出産・育児に関する正しい理解に係る教育や情報提供の充実 ②子供・若者に関する相談体制の充実 ・困難を抱えた場合の相談先や解決方法の啓発広報 ・子ども・若者総合相談センターの充実 ・スクールカウンセラーやスクールソーシャルワーカーの活用 等 ③被害防止のための教育 (3)若者の職業的自立，就労等支援 ①職業能力・意欲の習得　②就労等支援の充実 (4)社会形成への参画支援	(1)子供・若者の抱える課題の複合性・複雑性を踏まえた重層的な支援の充実 ・子ども・若者支援地域協議会の設置促進・活動の充実 ・アウトリーチ(訪問支援)に携わる人材の養成 等 (2)困難な状況ごとの取組 ①ニート，ひきこもり，不登校の子供・若者への支援 等 ・地域若者サポートステーションによる支援の充実 等 ②障害等のある子供・若者の支援 ③非行・犯罪に陥った子供・若者の支援 等 ④子供の貧困問題への対応 ・国民運動の取組の展開，充実 等 ⑤特に配慮が必要な子供・若者の支援 (3)子供・若者の被害防止・保護 ①児童虐待防止対策 ・児童虐待の発生予防及び発生時の迅速・的確な対応 等 ②子供・若者の福祉を害する犯罪対策

3. 子供・若者の成長のための社会環境の整備	5. 創造的な未来を切り拓く子供・若者の応援
(1)家庭，学校及び地域の相互の関係の再構築 ①保護者等への積極的な支援 ②「チームとしての学校」と地域との連携・協働 ③地域全体で子供を育む環境づくり ・放課後子ども総合プランの推進 ・社会性・人間性等を育む多様な体験・交流活動の推進 等 ④子供・若者が犯罪等の被害に遭いにくいまちづくり (2)子育て支援等の充実 (3)子供・若者を取り巻く有害環境等への対応 ・安全・安心なインターネットの利用に関する教育・啓発活動の強化 ・ネット依存の傾向が見られる青少年を対象とした自然体験や宿泊体験プログラムの実施 等 (4)ワーク・ライフ・バランスの推進	(1)グローバル社会で活躍する人材の育成 ・留学支援の充実 等 (2)イノベーションの担い手となる科学技術人材等の育成 ・先進的な理数教育の支援 等 (3)情報通信技術の進化に適応し，活用できる人材の育成 ・情報通信技術を高度に活用して社会の具体的な課題を解決できる人材を育成 (4)地域づくりで活躍する若者の応援 ・地域産業を担う高度な専門的職業人材を育成 ・「地域おこし協力隊」の推進 等 (5)国際的に活躍する次世代競技者，新進芸術家等の育成 ・国際大会で活躍が期待できる競技者の発掘・育成・強化 ・世界に通用する創造性豊かな芸術家等の育成 (6)社会貢献活動等に対する応援 ・内閣総理大臣表彰の創設

4. 子供・若者の成長を支える担い手の養成
(1)地域における多様な担い手の養成 ・子育て経験者や様々な経験を有する高齢者，企業やNPO等の多様な主体の参加促進 等 (2)専門性の高い人材の養成・確保 ・総合的な知見の下に支援をコーディネートする人材の養成 ・教育，医療・保健，福祉等の専門職の人材確保，専門性の向上

出典：内閣府，子供・若者育成支援推進大綱（概要）（2016年，子ども・若者育成支援推進本部決定）を一部改変，
https://www8.cao.go.jp/youth/suisin/pdf/taikou_gaiyou.pdf

図8-3　子ども・若者育成支援のための基本的施策

した。大綱では，基本的な方針として，①全ての子供・若者の健やかな育成，②困難を有する子供・若者やその家族の支援，③子供・若者の成長のための社会環境の整備，④子供・若者の成長を支える担い手の養成，⑤創造的な未来を切り拓く子供・若者の応援，の 5 つを示しています。

　この方針に基づく具体的取り組み課題は，**図 8-3** に示すとおりです。このうち貧困問題に直接ふれているのは，②困難を有する子供・若者やその家族の支援で，「困難な状況ごとの取組」のなかの 4 番目で，子供の貧困問題への対応として，国民運動の取組の展開および充実を掲げています。この国民運動は，「子供の未来応援国民運動」と名付けられています。「夢を，貧困につぶさせない」というスローガンのもと，「子供の未来プロジェクト」として，貧困家庭を救う 4 つの支援（経済支援，就労支援，教育支援，生活支援）に取り組んでいます。

（4）ひとり親家庭支援策

　全国ひとり親世帯等調査（厚生労働省，2016）によると，全国に約141.9 万世帯（母子家庭 123.2 万世帯，父子家庭 18.7 万世帯）のひとり親世帯が存在すると推計されています。この調査は，ほぼ 5 年間隔で定期的におこなわれているものですが，前回調査に比べると 4.2 万世帯減少しています。

　ひとり親世帯の生活状況は**表 8-2** に示すとおりです。母子世帯，父子世帯ともに 8 割以上が就労していますが，母子世帯の場合，雇用形態が「パート・アルバイト等」が多く，収入がかなり低くなっています。このことがひとり親世帯の貧困率の高さと結びついています。

　ひとり親家庭福祉施策は，子育てと生活支援策，就業支援策，養育費確保支援策，経済的支援策の大きく 4 つに分けることができます。

　子育てと生活支援策には，さまざまな相談機関，ひとり親家庭等日常

116

生活支援事業，子育て短期支援事業注8)，生活拠点の確保などがあります。ひとり親家庭の福祉に関する専門相談機関としては，福祉事務所が位置づけられています。ひとり親家庭等日常生活支援事業は，ひとり親家庭の親が，自立のための資格取得や疾病等により，一時的に家事援助や保育サービスが必要となった場合に，家庭生活支援員を派遣するものです。生活拠点の確保策としては，児童福祉法で，母子生活支援施設が設けられています。母子生活支援施設は，DV被害家庭の避難場所ある

表8-2　ひとり親世帯の状況

		母子世帯	父子世帯
1	世帯数［推計値］	123.2万世帯 （123.8万世帯）	18.7万世帯 （22.3万世帯）
2	ひとり親世帯になった理由	離婚　79.5%（80.8%） 死別　8.0%（7.5%）	離婚　75.6%（74.3%） 死別　19.0%（16.8%）
3	就業状況	81.8%（80.6%）	85.4%（91.3%）
	就業者のうち　正規の職員・従業員	44.2%（39.4%）	68.2%（67.2%）
	うち　自営業	3.4%（2.6%）	18.2%（15.6%）
	うち　パート・アルバイト等	43.8%（47.4%）	6.4%（8.0%）
4	平均年間収入［母又は父自身の収入］	243万円（223万円）	420万円（380万円）
5	平均年間就労収入［母又は父自身の就労収入］	200万円（181万円）	398万円（360万円）
6	平均年間収入［同居親族を含む世帯全員の収入］	348万円（291万円）	573万円（455万円）

注：（　）内の値は，前回（平成23年度）調査結果を表している。
　　「平均年間収入」及び「平均年間就労収入」は，平成27年の1年間の収入。
　　集計結果の構成割合については，原則として，「不詳」となる回答（無記入や誤記入等）がある場合は，分母となる総数に不詳数を含めて算出した値（比率）を表している。
出典：厚生労働省，平成28年度全国ひとり親世帯等調査結果の概要，
https://www.mhlw.go.jp/file/04-Houdouhappyou-11923000-Kodomokateikyoku-Kateifukishika/0000188136.pdf

いは生活拠点としても活用されています。

　就業支援策としては，ハローワークの機能としてマザーズコーナーが設けられています。2006年から，マザーズハローワークという独立した機関も設置されています（2020年2月現在，前者181か所，後者21か所）。この他にも，国では，母子家庭等就業・自立支援センター事業，母子・父子自立支援プログラム策定事業，母子家庭・父子家庭自立支援給付金制度などを設け，さまざまな就業支援策を講じています。

　養育費確保支援策では，母子家庭等就業・自立支援センターに養育費専門相談員を配置し，離婚時の取り決めやその後の支払い継続についての法律相談が実施されています。さらに，民事執行法により，給与等の差押え，養育費等の金銭債権についての強制執行制度などが設けられています。

　経済的支援策としては，年金，児童扶養手当，貸付金の大きく3つがあります。ひとり親家庭を対象とした年金は，遺族（基礎）年金です。離別や遺族基礎年金の受給資格をみたさない状況でひとり親家庭になったものについては，児童扶養手当が支給されます。当初は母子世帯を対象とした制度でしたが，2010年からは，父子世帯も対象となっています。貸付金制度としては，母子及び父子ならびに寡婦福祉法で，母子福祉資金・父子福祉資金貸付制度が設けられています。

4. 子どもの貧困対策の課題

　子どもの貧困対策の課題は，大綱が示す内容に集約されますが，その意味は大きく四点あります。

　第1は，今，貧困である状態への対応です。経済的支援はそれをもっとも端的に示すものであり，具体的には，生活保護，税の減免，ひとり親家庭への経済給付などがこれにあたります。

　第2は，貧困をもたらしたのは親の生活状況であるという視点から，保護者への支援です。保護者の就労支援，労働環境の改善などがこれに該当します。

　第3は，子どもを貧困から脱却させるための手立てです。親の経済面の回復を通じた支援は短期的には困難です。その間に子どもは成長してしまい，十分な教育の機会を失うことも考えられます。これが貧困の連鎖を生むことになりかねません。社会的養護のもとで生活している子どもたちもこれは同様です。

　第4は，社会全体でこのような状況に対応する施策体系と実践体系を考えることです。そのための調査研究や実施体制が課題となります。

〉〉注

1 ）Charles Booth（1840-1916）。イギリスの社会改革運動家。ロンドン市民の調査から貧困の実態を明らかにしました。

2 ）Benjamin Seebohm Rowntree（1871-1954）。イギリスの実業家にして，社会改革運動家。ヨーク市民を対象にした三度の調査から貧困の実態を明らかにしました。

3 ）世帯の可処分所得を，世帯人員の平方根で割って調整した所得のことをいいます。あくまでも現金による所得を基準としており，多くの福祉サービスのような現物給付，税や利用料の減免等は含まれません。

4 ）全員（全世帯）を所得順に並べた際に，中央（ちょうど半分の位置）の位置にあるもの。平均値を用いると，所得の高い層に影響され，実態と比べて高くなる傾向があり，実態により近いものとして使われる。

5 ）SDGs とは，「Sustainable Development Goals」の頭文字に，最後の「s」をつけたもの。「持続可能な開発目標」と訳されます。詳しくは，第 14 章で学習します。

6 ）第 4 回と第 5 回は，2019 年 2 月，同時におこなわれているため，実質は 4 回となります。

7 ）「こども」の表記が，法律では「子ども」，大綱では「子供」と異なっています。政権交代に関係することですが，本著でも同様の使い分けをしています。

8 ）第 9 章参照。

 ①子どもの貧困対策としての学習支援の意義についてまとめてみましょう。

②ひとり親家庭の就労のしづらさを解消するためには，どのような施策が重要だと思いますか。

参考文献

● 阿部彩・鈴木大介（2018），貧困を救えない国日本，PHP 研究所

　【概　要】貧困問題の現実と本質について，子どもの貧困研究の第一人者である阿部彩と，社会調査とデータのエキスパートで，貧困家庭の現場を詳細にルポしてきた鈴木大介が，具体的なテーマを設定して，対談形式で展開したものです。

● 加藤彰彦（2016），子どもの貧困からの脱出，創英社

　【概　要】「もう他人事じゃない，今，日本は子どもの貧困化社会だ」。実践経験豊富な筆者が，貧困，暴力，いじめ，不登校，親子関係のゆがみ，複雑な人間関係等，苦しい環境のなかにいる子どもたちとその親には何が欠けているのかを明らかにし，実践のあり方や施策の課題を具体的に示したものです。

● 渡辺由美子（2018），子どもの貧困―未来へつなぐためにできること，水曜社

　【概　要】子どもの貧困対策は「福祉」ではなく「将来への投資」であるという考え方のもと，子どもの貧困問題を生活保護など増大する福祉コストや高止まりする非婚率，少子高齢化等の社会問題と関連づけて考察し，政府や自治体，企業，NPO，市民それぞれが問題解決のためになすべきことを検討したものです。

9 │ 社会的養護の実際と子どもの人権

《**本章の目標＆ポイント**》　社会的養護は，保護者による養育が一時的あるい
は永続的に困難となった場合に，社会が養育を補完したり，代替したりする
ものです。子ども家庭福祉施策としては，もっとも古くから存在しているも
のですが，社会状況の変動のなかで，施策の推進方向にも変化が求められて
います。なお，子ども虐待については第10章で学習します。
《**キーワード**》　社会的養護の基本，社会的養護施策の実際，社会的養護の改
革

1. 社会的養護の基本

（1）社会的養護とは何か

　社会的養護とは，①棄児などで保護者のいない子ども，②入院や収監
などで保護者が現に養育できない子ども，③虐待や保護者に監護させる
ことが適当でない子ども，などに対して，公的責任で社会的に養育する
こと，また，養育に大きな困難を抱える家庭への支援をおこなうことを
いいます。

　第1章で示したように，子どもは独立した人格の主体であり，子ども
期を豊かに過ごす権利があります。一方で，大人に向かって育つ存在で
もあります。社会的養護のもとで暮らす子どもは，親によりこれが十分
には保障できない状況にあり，少なくとも親とともに，場合によっては
親に代わって社会がこれを保障しなければなりません。

　子どもは，まず，子ども期をよりよく生きることが大切です。子ども

期における精神的・情緒的な安定と豊かな生活体験は，発達の基礎となると同時に，その後の成人期の人生に向けた準備ともなります。

社会的養護の施策や実践においては，このことをつねに意識しておく必要があります。

（2）社会的養護のステップ

社会的養護施策には，必要な場合，子どもを保護者の下から離して養育するものも含まれます。しかしながら，このことについては慎重である必要があります。2016年に改正された児童福祉法では，第3条の2で，このことを明記しています（表9-1）。

法律の主旨は，第1段階として，親子が一緒に生活できるような在宅福祉サービスを充実すること，第2段階として，分離が必要となった場合には，まず家庭と同様の養育環境（家庭養護)注1）で対応すること，第3段階として，家庭養護が適当でない場合には，小規模でかつ家庭的環境の施設（家庭的養護)注2）で対応すること，という3つのステップを意味しています。

表9-1　社会的養護のステップ（児童福祉法第3条の2）

国及び地方公共団体は，児童が家庭において心身ともに健やかに養育されるよう，児童の保護者を支援しなければならない。ただし，児童及びその保護者の心身の状況，これらの者の置かれている環境その他の状況を勘案し，児童を家庭において養育することが困難であり又は適当でない場合にあつては児童が家庭における養育環境と同様の養育環境において継続的に養育されるよう，児童を家庭及び当該養育環境において養育することが適当でない場合にあつては児童ができる限り良好な家庭的環境において養育されるよう，必要な措置を講じなければならない。

出典：児童福祉法

（3）社会的養護と予防

　社会的養護は，第１次予防としての発生予防対策，第２次予防として
の早期発見・早期対応，第３次予防としての重度化・深刻化の予防，第
４次予防としての再発の予防・見守り，の大きく４つの枠組みで実践さ
れています（**図9-1**）。当然のことながら，それぞれは独立したもので
はなく，相互に深く関連しています。

　それぞれの意味については，子ども虐待への対応を中心に第10章で
解説します。

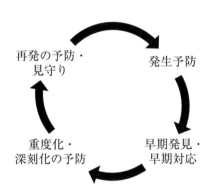

出典：筆者作成

図9-1　予防の４段階

124

（4）社会的養護の基本理念と原理

　社会的養護の基本理念や原理は，施設や事業種別ごとの運営指針等に
示されています（**表9-2**）。これに基づいて第三者評価の義務化など，
公的施策としてのアカウンタビリティを果たす取り組みもおこなわれて
います。社会的養護の基本理念と原理は，すべて共通で，その内容は以
下のとおりです。

①社会的養護の基本理念

　社会的養護の基本理念は，①子どもの最善の利益のために，②すべて
の子どもを社会全体で育む，の2つです。これが，広い意味での，わが
国の社会的養護の援助観になります。

　子どもの最善の利益については，児童福祉法第2条第1項で，「全て
国民は，児童が良好な環境において生まれ，かつ，社会のあらゆる分野
において，児童の年齢及び発達の程度に応じて，その意見が尊重され，
その最善の利益が優先して考慮され，心身ともに健やかに育成されるよ
う努めなければならない」と，国民の努力義務として規定されています。
また，同第3項では，「国及び地方公共団体は，児童の保護者とともに，
児童を心身ともに健やかに育成する責任を負う」と，国や地方公共団体

表9-2　社会的養護関係施設・事業の運営指針等

・児童養護施設運営指針
・乳児院運営指針
・児童心理治療施設運営指針
・児童自立支援施設運営指針
・母子生活支援施設運営指針
・里親及びファミリーホーム養育指針
・自立援助ホーム運営指針

出典：筆者作成

にも子どもの養育の責任を課しています。

②社会的養護の原理

　社会的養護の原理としては，①家庭的養護と個別化，②発達の保障と自立支援，③回復をめざした支援，④家族との連携・協働，⑤継続的支援と連携アプローチ，⑥ライフサイクルを見通した支援，の6つを掲げています。社会的養護の実践においては，この6つの原理を意識した取り組みが必要です。

2. 社会的養護施策の実際

　今日実施されている社会的養護施策は，発生予防・発見・相談・情報提供，在宅福祉サービス，分離ケアサービス（家庭養護および施設養護），リービングケア・アフターケア，の大きく4つに分けることができます。

（1）発生予防・発見・相談・情報提供

　発生予防・発見・相談・情報提供などを目的のひとつとする機関として，児童相談所，家庭児童相談室，児童委員・主任児童委員，児童家庭支援センター，子育て世代包括支援センターなどの公的機関が設置されています。保育所やNPO法人などの地域団体が多く運営している地域子育て支援拠点事業も，地域子育て支援を主目的としつつも，社会的養護サービスの入り口としての機能も期待されています。

（2）在宅福祉サービス

　要養護児童やその家庭を対象とする在宅福祉サービスには，児童家庭支援センター（第7章参照），子育て短期支援事業，乳児家庭全戸訪問事業，養育支援訪問事業などがあります。

①子育て短期支援事業

　子育て短期支援事業は，家庭において子どもを養育することが一時的に困難となった場合に，一定期間，代替的養護を提供するものです。厚生労働省が示す通知[注3]には，①児童の保護者の疾病，②育児疲れ，慢性疾患児の看病疲れ，育児不安など身体上または精神上の事由，③出産，看護，事故，災害，失踪など家庭養育上の事由，④冠婚葬祭，転勤，出張や学校等の公的行事への参加など社会的な事由，⑤経済的問題等により緊急一時的に母子保護を必要とする場合，などの例示があり，社会的養護の機能のみならず，一般の子育て支援の機能も期待されています。実施主体は，市町村（特別区および一部事務組合を含む）です。実際は，児童養護施設，乳児院，母子生活支援施設，里親，ファミリーホームなどに委託しておこなわれます。

　この事業は，①短期入所生活援助事業と②夜間養護等事業の2つで成り立っています。短期入所生活援助事業は，ショートステイ事業とも呼ばれ，期間は最長1週間とされています。夜間養護等事業は，トワイライトステイ事業とも呼ばれ，保護者が，仕事その他の理由により平日の夜間または休日に不在となり家庭において子どもを養育することが困難となった場合などに利用できます。

②乳児家庭全戸訪問事業

　乳児家庭全戸訪問事業は，こんにちは赤ちゃん事業とも呼ばれます。生後4か月までに，市町村の関係者，もしくは市町村から委託を受けたものが，すべての家庭を訪問し，さまざまな不安や悩みを聞き，子育て支援に関する情報提供等をおこなうとともに，親子の心身の状況や養育環境等の把握や助言を行い，支援が必要な家庭に対しては適切なサービス提供につなげるものです。

　実施主体は市町村ですが，民間機関に委託することも可能です。ホー

ムスタート事業やブックスタート事業と組み合わせて実施している場合もみられます。

③養育支援訪問事業

養育支援訪問事業は，乳児家庭全戸訪問事業，乳幼児健康診査，母子保健活動などから，より専門的な支援が必要と考えられた家庭に対して，保健師・助産師・保育士などが訪問し，支援をおこなうものです。

この事業には，①乳児家庭等に対する短期集中支援型，②不適切な養育状態にある家庭等に対する中期支援型，の2類型があります。実施主体はいずれも市町村です。

（3）分離ケアサービス

親子を一時的あるいは長期的に分離してケアをおこなうサービスには，家庭養護と施設養護があります。

①家庭養護

家庭養護は，子どもを家庭と同様の養育環境で養育するもので，制度としては，里親制度と小規模住居型児童養育（ファミリーホーム）事業があります。里親制度には，養育里親[注4]，親族里親，養子縁組を希望する里親，の3類型があります。里親は，社会的養護の必要な子どもの養育を専門に行う民間人で，民法上の親になるわけではありません。里親としての認定や登録は，都道府県[注5]によりおこなわれます。養育里親になる場合には，研修を受ける必要があります。

ファミリーホーム事業は，里親制度同様，社会的養護の必要な子どもを養育するものです。里親制度では，同時に子ども4人以内（実子を含む）までしか養育できないとされているのに対して，この事業では5〜6人とされています。事業は個人のみならず，法人等でも実施することが可能で，支払われる費用のなかから，養育を補助してくれる人を雇用

することもできます。また，この事業を実施するには，国が定めた標準にしたがって，児童福祉施設，里親，児童相談所などでの子ども養育支援経験など，都道府県が定めた基準を満たす必要があります。

　制度上は家庭養護には位置づけられませんが，養子縁組も関連する重要な施策です。養子縁組は，新たに親権をおこなうものを裁判を通じて認定し，民法上の親子関係を結ぶものです。養子縁組には，普通養子縁組と特別養子縁組の2類型があります。

②施設養護

　社会的養護にかかわる代表的な施設は，乳児院と児童養護施設です。このほか，心理支援を専門的に提供する児童心理治療施設，非行行為をおこなった，あるいは将来そのおそれのある子どもに対応する児童自立支援施設，母子で利用できる母子生活支援施設などもあります。

　それぞれの施設の目的を**表9-3**に，施設数や利用者数の現状を**表9-4**に示しておきます。

（4）リービングケア・アフターケア

　リービングケアとは退所後の生活に向けた施設入所中におこなわれる支援，アフターケアとは退所後におこなわれる支援のことをいいます。

　これらのことを目的とした事業には，児童自立生活援助事業（通称，自立援助ホーム），社会的養護自立支援事業などがあります。

表9-3　社会的養護関係施設の目的

施設種別	目　的
乳児院	乳児（特に必要のある場合には，幼児を含む）を入院させて，これを養育し，あわせて退院した者について相談その他の援助をおこなうこと。
児童養護施設	保護者のない子ども（特に必要のある場合には，乳児を含む），虐待されている子ども，その他環境上養護を要する子どもを入所させて，これを養護し，あわせて退所した者に対する相談その他の自立のための援助をおこなうこと。
児童心理治療施設	家庭環境，学校における交友関係その他の環境上の理由により社会生活への適応が困難となった子どもを，短期間，入所または通所させ，社会生活に適応するために必要な心理に関する治療および生活指導を主としておこない，あわせて退所した者について相談その他の援助をおこなうこと。
児童自立支援施設	不良行為をおこなう，またはそのおそれのある子ども，環境上の理由により生活指導等を要する子どもを入所または通所させ，個々の子どもの状況に応じて必要な指導を行い，その自立を支援し，あわせて退所した者について相談その他の援助をおこなうこと。
母子生活支援施設	配偶者のない女子，またはこれに準ずる事情にある女子とその子どもを入所させて，これらの者を保護するとともに，自立の促進のためにその生活を支援し，あわせて退所した者について相談その他の援助をおこなうこと。

出典：筆者作成

表 9-4　社会的養護の現状

里親

家庭における養育を里親に委託

区分（里親は重複登録有り）	登録里親数	委託里親数	委託児童数
	11,730 世帯	4,245 世帯	5,424 人
養育里親	9,592 世帯	3,326 世帯	4,134 人
専門里親	702 世帯	196 世帯	221 人
養子縁組里親	3,781 世帯	299 世帯	299 人
親族里親	560 世帯	543 世帯	770 人

ファミリーホーム

養育者の住居において家庭養護を行う（定員5～6名）

ホーム数	347 か所
委託児童数	1,434 人

自立援助ホーム

義務教育を終了した児童であって、児童養護施設等を退所した児童等

ホーム数	154 か所
委託児童数	1,012 人
	573 人
	687 人

施設	乳児院	児童養護施設	児童心理治療施設	児童自立支援施設	母子生活支援施設	自立援助ホーム
対象児童	乳児（特に必要な場合は、幼児を含む）	保護者のない児童、虐待されている児童その他環境上養護を要する児童（特に必要な場合は、乳児を含む）	家庭環境、学校における交友関係その他の環境上の理由により社会生活への適応が困難となった児童	不良行為をなし、又はなすおそれのある児童及び家庭環境その他の環境上の理由により生活指導等を要する児童	配偶者のない女子又はこれに準ずる事情にある女子及びその者の監護すべき児童	義務教育を終了した児童であって、児童養護施設等を退所した児童等
施設数	140 か所	605 か所	46 か所	58 か所	227 か所	154 か所
定員	3,900 人	32,253 人	1,892 人	3,637 人	4,648 世帯	1,012 人
現員	2,706 人	25,282 人	1,280 人	1,309 人	3,789 世帯／児童6,346 人	573 人
職員総数	4,921 人	17,883 人	1,309 人	1,838 人	1,994 人	687 人

小規模グループケア	1,620 か所
地域小規模児童養護施設	391 か所

※里親数、FHホーム数、委託児童数、定員、現員は福祉行政報告例（平成30年3月末現在）
※児童自立支援施設・自立援助ホームの施設数・定員、現員は家庭福祉課調べ（平成29年10月1日現在）、地域小規模児童養護施設のか所数は家庭福祉課調べ
※職員数（自立援助ホームの職員数を除く）は、社会福祉施設等調査報告（平成29年10月1日現在）
※自立援助ホームの職員数は家庭福祉課調べ（平成29年3月1日現在）
※児童自立支援施設は、国立2施設を含む

出典：厚生労働省（2019）．児童家庭福祉の動向と課題，60頁

3. 社会的養護の改革

（1）児童福祉法改正

　子どもの権利条約や国連代替的養護に関するガイドラインでは，親子が一緒に生活できるように支援する必要性をまず明らかにし，分離保護が必要な場合でも短期的，一時的とすべきであるとしています。さらに，分離保護については，里親や養子縁組（家庭養護）がまず検討され，必要な場合にのみ小規模な生活単位の施設（家庭的養護）で対応するという原則を示しています。

　国連子どもの権利委員会は，「日本の法律や施策は，子どもの権利条約の精神を反映していない」との指摘を繰り返しおこなっていました。本章の冒頭で示した，社会的養護のステップ（児童福祉法第 3 条の 2）は，これを受けて改正されたものです。

（2）新しい社会的養育ビジョン

　2016 年の児童福祉法改正は，社会的養護施策の推進のあり方を大きく変えるものでした。これを確実に実現するために，工程表として示されたのが，「新しい社会的養育ビジョン」（2017）です。

　このビジョンは，①市区町村の子ども家庭支援体制の構築，②児童相談所・一時保護改革，③里親への包括的支援体制（フォスタリング機関）の抜本的強化と里親制度改革，④永続的解決（パーマネンシー保障）としての特別養子縁組の推進，⑤乳幼児の家庭養育原則の徹底と年限を明確にした取扱目標，⑥子どもニーズに応じた養育の提供と施設の抜本改革，⑦自立支援（リービングケア，アフターケア），⑧担う人材の専門性の向上，⑨都道府県計画の見直しと国による支援，の大きく九点を内容とするものです。

　このうち，家庭養育原則の徹底および施設の抜本改革では，①就学前の子どもについて，原則として施設への新規入所措置の停止，②家庭養護委託率を，3歳未満についてはおおむね5年以内，3歳以上の幼児についてはおおむね7年以内に75%以上，学童期以降はおおむね10年以内に50%以上を実現，③施設はおおむね10年以内に，小規模化（最大6人）・地域分散化，常時2人以上の職員配置を実現，④高度のケアニーズに対しては，専門職対応ができる高機能化をおこない，生活単位はさらに小規模（最大4人）となる職員を配置，などが示されました。

4. 社会的養護の課題

　社会的養護施策は，もっとも歴史のある施策ですが，つねに変化する社会的背景やニーズのなかで，いまだ多くの課題を抱えています。今後，引き続き検討していかなければならない課題として，代表的なものを三点指摘しておきます。

　第1は，在宅福祉サービスの強化です。国連子どもの権利委員会の指摘にもあるように，社会的養護に関する在宅福祉サービスの整備は遅れているといわざるをえません。子育て短期支援事業などの直接的なサービスはむろんのこと，問題の発生を予防することからはじまり，相談体制，早期対応体制，さらには継続的な支援体制など，もっとも基本的部分での整備がより急がれる状況にあります。

　第2は，専門的なケアの確立です。社会的養護の専門性には，親子の生活を総合的に援助することと，子どもやその家族が抱えている個別的な問題への専門分化的な援助との2つがあります。近年，虐待を受けて入所してくる子どもに典型的にみられるように，治療的な視点をもったこころのケアや，「育ち直し」の必要な子どもが増えています。このような子どもたちへの直接的なケアや，親子が再度一緒に生活したり，適

切な距離感をもって生活したりできるような親子関係の調整や家庭機能の再生に向けてのケアが可能なシステムの整備，職員配置，職員の資質向上が必要です。

　第3は，社会的養育ビジョンの実現です。これはきわめて大きな課題であり，都道府県子ども・子育て支援事業支援計画や都道府県社会的養育推進計画においても，十分検討する必要があります。また，発見・相談から，自立・家庭復帰までのケア全体を，ひとつのシステムとして捉えるためには，市町村子ども・子育て支援事業計画と都道府県子ども・子育て支援事業支援計画の調整も重要です。

》注

1）里親および小規模住居型児童養育（ファミリーホーム）事業を意味しています。児童福祉法の制度ではありませんが，養子縁組もこれに含まれると考えられます。

2）地域小規模児童養護施設や小規模グループケアなど，小さな生活単位での生活を意味しています。施設自体の小規模化もこれに含まれます。

3）子育て短期支援事業実施要綱（子発 0329 第 27 号）。

4）養育里親の内部類型として，より高度な専門的養育が必要と考えられる子どもを対象とする，専門里親が位置づけられています。

5）政令指定都市，児童相談所設置市を含みます。

 ①「新しい社会的養育ビジョン」を一読しておいてください。
②施設養護と家庭養護のメリット，デメリットについて考えましょう。

参考文献

● 新たな社会的養育の在り方に関する検討会（2017），新しい社会的養育ビジョン

　【概　要】社会的養育施策のあり方を，目標値や目標年次を含めて示したもので，現状や今後の方向を考えるうえでは必ず目を通しておきたい報告書です。

● 吉田幸恵（2018），社会的養護の歴史的変遷—制度・政策・展望，ミネルヴァ書房

　【概　要】社会的養護に関する制度・政策について，特に，児童養護施設に関する展開を中心に分析した研究書です。家庭養護の代表格である里親制度等との相互関連性や「愛着理論」等の影響についてもふれており，歴史的展開の全体像がとらえられています。

● 貴田美鈴（2019），里親制度の史的展開と課題，勁草書房

　【概　要】里親制度の歴史を詳細に分析し，「新しい社会的養育ビジョン」に示される家庭養護へのパラダイムシフトと子どもの最善の利益との関係について論究されています。

10 | 虐待と子どもの人権

《**本章の目標＆ポイント**》　虐待は明確な子どもの人権侵害です。なかには，虐待によって命を落とす子どももいます。子ども虐待の支援では，虐待から子どもを守ることを第一に考えつつも，虐待をする親の支援を通じて，親子が一緒に生活できるような環境を整備することも重要です。本章では，子ども虐待の現状，支援策，支援のポイントなどについて学びます。
《**キーワード**》　子ども虐待の現状，子ども虐待の定義等，子ども虐待問題への取り組み，子ども虐待支援の課題

1. 子ども虐待の現状

（1）子ども虐待相談件数

　児童福祉法では，子ども虐待を含む保護を要する子どもを発見した場合の第一義的通告先として，市町村を規定しています。また，社会的には児童相談所も通告先としてよく知られています。

　両者の受け付けている相談対応件数は毎年増加し，2018年には通告先として市町村では約12万件，児童相談所では16万件弱となっています（図10-1）。ただし，双方に通告される事例や，児童相談所が受け付けて市町村に委託した事例，あるいはその逆などの重なりは調整されておらず，両者を合わせたものが相談対応件数の総数となるわけではありません。

　相談件数の大幅な増加要因としては，実際の発生件数の増加以外に，社会を揺るがすような痛ましい子ども虐待に関する事件の発生などによ

る社会的関心の増大も考えられます。さらに，通告対象範囲の拡大（「虐待を受けた子ども」から「虐待を受けたと思われる子ども」に），子ども家庭福祉相談の第一義的相談窓口の基礎自治体化（都道府県から市町村に）などの制度改正も影響していると考えられます。ここ5年間の児童相談所の対応件数でいうと，2014年に，心理的虐待の範囲に，子どもの面前でおこなわれる夫婦間等の暴力（面前 DV）を含めることになったことが大きく影響しています。

（2）虐待を受けている子どもたちの状況

　厚生労働省では，児童相談所が対応した子ども虐待相談について，その中身を毎年公表しています。2018年度の報告から，虐待の種別，虐待者，虐待を受けた子どもの年齢を紹介しておきます（**図 10-2**）。

　虐待の種別は，かつては身体的虐待が多かったのですが，近年では心理的虐待がそれを超えています。前項で説明したように，これは面前

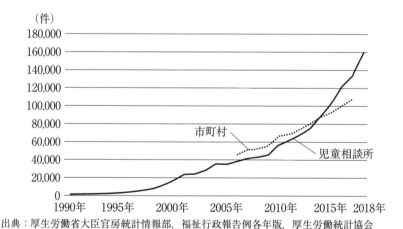

出典：厚生労働省大臣官房統計情報部，福祉行政報告例各年版，厚生労働統計協会

図 10-1　子ども虐待相談対応件数

DVを，心理的虐待に含めたことによります。虐待の種別においては，統計上はもっとも主なものを1つ選ぶことになっていますが，実際には独立して起こることは少なく，多くの子どもたちが複数の虐待を受けています。たとえば，身体的虐待や性的虐待を受けている子どもは，心理的にも傷ついていることは想像に難くありません。

　虐待をしている者は，実母が半数弱でもっとも多くなっています。次は実父の4割弱です。実母が多くなっていますが，多くの子どもたちは実母と生活している時間が最も長かったり，担っている内容が多かったりすることによると考えられます。

　虐待を受けた子どもの年齢は，3歳未満が2割弱で，就学前全体では4割台半ばとなります。中学生以上という年齢の高い子どもも2割以上となります。

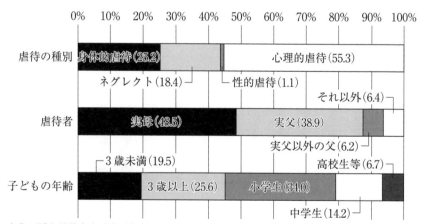

出典：厚生労働省大臣官房統計情報部（2019），平成30年度福祉行政報告例，厚生労働統計協会

図10-2　子ども虐待の状況

（3）虐待による死亡

　社会保障審議会児童部会の児童虐待等要保護事例の検証に関する専門委員会では，2005 年（調査対象年は 2003 年）から毎年，虐待による死亡事例の検証報告を公表しています。この調査における虐待死の定義には，心中による死亡も含まれます。心中未遂で，親が生き残った場合でも，子どもが死亡した場合にはこれに含まれます。2019 年には第 15 次報告がなされました。

　心中を含めると，年間 100 人以上の子どもが虐待により死亡していた時期もありましたが，その後はやや減少し，ここ 5 年間は 60〜70 人程度で推移しています（**図 10-3**）。

　心中以外の虐待死についていうと，虐待の種別では，身体的虐待とネグレクトがほぼ半々です。虐待者は少なくとも実母が関係しているものが 7 割を占めます。子どもの年齢でみると，0 歳児が半数強を占めています（**図 10-4**）。この多くが新生児であり，妊娠の届け出をしておらず，

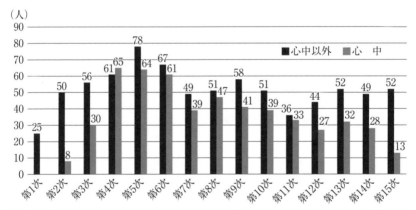

出典：社会保障審議会児童部会児童虐待等要保護事例の検証に関する専門委員会（2019），
　　　子ども虐待による死亡事例等の検証結果等について（第 15 次報告）

図 10-3　虐待による死亡

妊婦健診未受診のまま，自宅で出産しているものです。

　前項で示した，児童相談所における虐待対応件数の内訳とはいずれも内容が異なっています。虐待の種別では，身体的虐待が多く，心理的虐待注1）はほとんどありません。虐待者では実母が関連したものがさらに多くなっています。子どもの年齢では，0 歳児が非常に多く，中学生以上はありません。

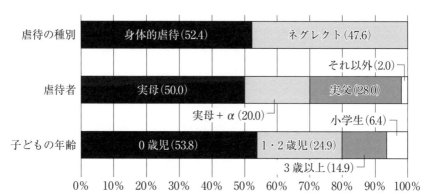

注：「不明」は除いて集計
出典：社会保障審議会児童部会児童虐待等要保護事例の検証に関する専門委員会（2019），子ども虐待による死亡事例等の検証結果等について（第 15 次報告）

図 10-4　心中以外の虐待死亡の状況

（4）施設職員などによる虐待

　施設や里親などで生活している子どもたちに対する職員による虐待を，児童福祉法では被措置児童等虐待と呼ばれ，2009 年には，厚生労働省から「被措置児童等虐待対応ガイドライン」が作成されました。2017 年度，この制度に基づき虐待を受けたと認定された子どもは 99 人で，過去最高となりました。

　子どもたちが生活していた場でもっとも多いのは，児童養護施設の64.6 ％です。以下，里親・小規模住居型児童養育事業（ファミリーホー

ム）12.1％，障害児入所施設 10.1％，児童自立支援施設 8.1％などとなっています。

虐待の種別では，身体的虐待が最も多く 56.6％，以下，性的虐待 23.2％，心理的虐待 17.2％，ネグレクト 3.0％の順となっています。一般の虐待に比べて性的虐待が多く，心理的虐待やネグレクトが少ないのが特徴です。

虐待をおこなった職員等の実務経験年数は，5 年未満が 47.7％で半数近くなっています。5〜9 年も 18.9％あり，合わせると 10 年未満で 7 割弱となります。ただし，子ども家庭福祉施設の現場では，経験年数の短いものが多いという実態も理解しておく必要があります。

2. 子ども虐待とは何か

子ども虐待に関しては，児童福祉法により，虐待を含む子ども家庭福祉問題への一般的な対応を，さらに，児童虐待の防止等に関する法律（以下，児童虐待防止法）で，子ども虐待に特化した対応を規定しています。この他，民法，刑法，家事審判法なども，子ども虐待に対する対応を理解するうえでは重要です。子どもの権利条約においては，子ども虐待の直接的な定義はありませんが，第 19 条で，「あらゆる形態の身体的若しくは精神的な暴力，傷害若しくは虐待，放置若しくは怠慢な取扱い，不当な取扱い又は搾取（性的虐待を含む。）からその児童を保護する」必要性を規定しており，虐待を間接的に定義しています。

子ども虐待は，子どもに対する重篤な人権侵害です。日本では，児童虐待防止法で，「何人も，児童に対し，虐待をしてはならない」（第 3 条）と，すべての人に対して，子ども虐待をしてはならないことを規定しています。民法に規定される親権の効力である，監護教育の権利義務や懲戒権は，「子の利益」（第 820 条）のために存在するものであり，親権に

基づいて，子どもの虐待を容認するものではありません。

（1）子ども虐待の定義

　子ども虐待に関しては，児童虐待防止法第2条で，3つの内容を定義
しています。

　第1は，虐待者です。虐待者は，親権をおこなう者，未成年後見人そ
の他の者で，児童を現に監護するものとされています。これには，児童
養護施設などの施設長も含まれます。ただし，施設の職員については，
保護者には該当しないため，被措置児童等虐待という制度で対応が図ら
れています。また，この定義には，子どものきょうだいや，親族を含む
保護者に該当しない同居人による行為は含まれていません。学校でのい
じめや教員による体罰[注2]も，この定義には含まれていません。

　第2は，被虐待者です。被虐待者は，児童福祉法と同様で，18歳未
満のものとされています。未成年者のうち，18歳以上20歳未満のもの
は含まれないことになります。

　第3は，虐待の種別です。法律では，身体的虐待，性的虐待，子育て

表 10-1　児童虐待防止法による虐待の定義（第3条を修正）

【身体的虐待】児童の身体に外傷が生じ，又は生じるおそれのある暴行を加えること。 【性的虐待】児童にわいせつな行為をすること又は児童をしてわいせつな行為をさせること。 【ネグレクト】児童の心身の正常な発達を妨げるような著しい減食又は長時間の放置，保護者以外の同居人によ身体的虐待，性的虐待の放置その他の保護者としての監護を著しく怠ること。 【心理的虐待】児童に対する著しい暴言又は著しく拒絶的な対応，児童が同居する家庭における配偶者（事実婚の関係を含む）に対する暴力，その他の児童に著しい心理的外傷を与える言動を行うこと。

出典：児童虐待防止法

放棄（ネグレクト），心理・精神的虐待の4つを示しています（**表10-1**）。高齢者や障がい者の虐待の場合，これに経済的虐待（搾取）が含まれていますが，子ども虐待の場合，これは含まれません。また，実践場面では，代理（による）ミュンヒハウゼン症候群^{注3)}と呼ばれる，非常に発見しづらい虐待の存在も指摘されています。なお，子どもを意図的に病気にさせていることが明らかになった場合には，身体的虐待と判断されます。きょうだいが虐待を受けている場面，DVでどちらかの親が暴力を受けている場面を目の当たりにしている場合などは，本人が身体的虐待等を直接受けていなくても心理的虐待とみなされます。

（2）子ども虐待の発生要因

　子ども虐待は，複数の要因が重なり合って生じるものであり，単一の要因で起こることはまれです。比較的共通している背景としては，次のようなことがあげられます。当然のことながら，これらの要因があれば必ず子どもが虐待されるというものではなく，適切な支援や環境があれば，むしろ虐待は起こらないものであり，予防的な対応が可能であることを理解しておく必要があります。

　子ども虐待が発生する状況は，子どもの状況，保護者・家庭の状況，社会の状況，などから考えることができます。個々に示すものが複数重なり合ったときに，虐待が起こりやすくなります。

　子どもの状況としては，親の期待に沿わない行動，自己主張が強い，成長が遅い，実子でない，などをあげることができます。

　保護者の状況としては，精神・人格面の問題，自信過剰・自信喪失，予期しない妊娠・出産，低所得，DV・家庭内孤立，ステップファミリー，養育能力・意識の不足，子どもより自分の楽しみを優先した生き方，などをあげることができます。

　社会の状況としては，個人の生き方を尊重する社会，（ネット）情報を信頼する社会，他者の痛みに鈍感な社会，体罰を肯定する社会，などをあげることができます。

（3）被措置児童等虐待

　児童虐待防止法の子ども虐待には，施設職員等による入所児に対する虐待を含めていないことはすでに示したとおりです，これについては，児童福祉法で，被措置児童等虐待という用語で定義するとともに，これへの対応を示しています。

　被措置児童等虐待とは，施設職員等が被措置児童等に対しておこなう，身体的虐待，性的虐待，ネグレクト，心理・精神的虐待をいいます。子ども間の暴力はこれには該当しませんが，それに対して適切な対応をしていない場合には，ネグレクトとみなされます。施設職員等とは，小規模住居型児童養育事業従事者，里親・その同居人，児童養護施設等社会的養護関係施設・障がい児福祉施設等職員，指定医療機関の管理者その他の従業者，一時保護従事者をいいます。

　被措置児童等虐待を受けたと思われる子どもを発見したものについては，児童福祉法に基づき通告義務が課せられています。また，子ども自身にも，児童相談所，都道府県，児童福祉審議会に届け出ることができるという規定が設けられています。

（4）体罰と虐待

　しつけを理由に，体罰を肯定する風潮が一部にみられ，これが虐待につながることがあります。国連子どもの権利委員会からは，日本には明確な体罰禁止規定がないことを問題視されていました。これらの状況を受け，2019 年に児童虐待防止法が改正され（**表 10-2**），2020 年 4 月か

ら施行となりました。罰則規定はありませんので，取り締まるという観点ではなく，体罰が子どもにとってよくないことを理解し，体罰を用いずに子育てをすることを促すことを目的とする規定と理解されます。そのために，国はガイドラインも作成しています注4)。

表 10-2　児童虐待防止法による体罰禁止規定（第 14 条第 1 項）

児童の親権を行う者は，児童のしつけに際して，体罰を加えることその他民法第 820 条の規定による監護及び教育に必要な範囲を超える行為により当該児童を懲戒してはならず，当該児童の親権の適切な行使に配慮しなければならない。

出典：http://www.mhlw.go.jp/bunya/kodomo/dv12/00.html

3. 子ども虐待問題への取り組み

（1）児童福祉法・児童虐待防止法における対応

　子ども虐待への対応については，児童福祉法を基本としつつも，児童虐待防止法および関連の通知等において，より詳細に規定されています。

　通告を受けた市町村，児童相談所は速やか（原則として 48 時間以内）に目視による安全確認や調査をおこないます。立入調査や一時保護，判定等専門的な対応が必要と考えられる場合，市町村は児童相談所に送致し，児童相談所が対応することになります。

　児童相談所は，社会的養護児童と同様に，必要に応じて，保護者に対する援助・指導や，児童福祉施設や里親への措置，小規模住居型児童養育（ファミリーホーム）事業に対する委託をおこないます。

　調査や援助に関する親権者の同意が得にくい場合等においては，立入

調査や都道府県児童福祉審議会の意見聴取，家庭裁判所への施設等利用承認の家事審判請求，親権者に対する親権の一時停止や喪失宣告の請求，などをおこなうこともあります。

（2）子ども虐待支援の視点と取り組み

　第9章の**図9-1**で示したように，社会的養護問題への対応は，第1次予防としての発生予防対策，第2次予防としての早期発見・早期対応，第3次予防としての重度化・深刻化の予防，第4次予防としての再発の予防・見守り，の大きく4つの枠組みで実践されています。これを子ども虐待問題への対応を例に考えてみましょう。

　発生予防に対する取り組みは，制度的には啓発活動や子育てコンピテンスの向上をめざした親支援講座などがあります。発生予防と早期発見・早期対応の双方が期待される社会制度の中で，比較的普及しているものとしては，地域子育て支援拠点事業があります。この事業は子ども虐待の発生予防としての期待は高いのですが，子育て支援全般に関わるものであり，虐待予防に特化してその成果を明確にすることは困難です。第7章で紹介した子育て世代包括支援センターは，虐待への対応を制度的にも位置づけているものであり，今後の期待は高いといえます。

　早期発見・早期対応には，①虐待の可能性のある親自身の気づきと，相談などの社会制度の利用意識の高揚，②相談しやすい社会制度あるいは市民制度づくり，③支援者および支援資源個々の発見力や早期対応力の向上，④社会的支援資源のネットワーク化などの領域，などがあります。

　重度化・深刻化の予防は，①親子関係の再構築を含む適切な対応策の開発，②開発された対応策の実践と質的向上，などの段階に分けることができます。

　前者には，①市町村の相談窓口や児童相談所の充実，②こんにちは赤ちゃん事業，地域子育て支援拠点事業，子育て支援短期利用事業など，市町村を主体とする在宅福祉サービスの充実，③保育所等を活用した相談や交流の場の提供，④市町村保健センターなどによる乳幼児健診の体制整備，⑤児童委員・主任児童委員などの既存の子ども家庭福祉制度の拡充，などの取り組みがあります。

　後者は，要保護児童等への対応です。ここでは，国内外で開発された，NP（Nobody's Perfect），SoSA（Signs of Safety Approach），CSP（Common Sense Parenting），MY TREE ペアレンツ・プログラムなどの支援手法による，親や子ども自身の対処能力の向上を意図した在宅福祉サービスへの取り組みが著しく進んでいます。一方，親子分離が必要な場合の取り組みには，①分離の判断のためのアセスメントツールの開発，②臨検，立ち入り調査，親権の制限，保護者不同意の場合の手続き，などの制度整備，③子どもの生活の場となる社会的養護サービスの改善，などがあります。

　再発予防に関する取り組みもまた，必要性が主張されているにもかかわらず，研究も実践も，必ずしも充実していない領域です。とりわけ，日常的な社会的養護サービスから解除されたものに対する取り組みがきわめて重要ですが，個人情報保護制度や申請主義のサービス提供システムが，阻害要因の一部となっています。

　最後に，ここ数年（2016〜2019 年）の子ども虐待への取り組みを簡単に整理しておきます（**表 10-3**）。

表 10-3　最近の児童虐待防止対策の経緯（2016〜2019 年）

●児童福祉法等の一部改正（2016）

全ての児童が健全に育成されるよう，発生予防から自立支援まで一連の対策の強化等を図るため，児童福祉法の理念の明確化（子どもが権利の主体であること，家庭養育優先等）・子育て世代包括支援センターの全国展開・市町村及び児童相談所の体制強化・里親委託の推進等の所要の措置を講ずる。

●児童福祉法及び児童虐待防止法の一部改正（2017）

虐待を受けている児童等の保護を図るため，里親委託・施設入所の措置の承認の申立てがあった場合に家庭裁判所が都道府県に対して保護者指導を勧告することができることとする等，児童等の保護についての司法関与を強化する等の措置を講ずる。

●児童虐待防止対策の強化に向けた緊急総合対策（2018）

増加する児童虐待に対応し，子どもの命が失われることがないよう，国・自治体・関係機関が一体となって，対策に取り組む。緊急的に講ずる対策と合わせ，必要な児童虐待防止対策に対する課題に取り組む。

●児童虐待防止対策体制総合強化プラン（新プラン）（2018）

緊急総合対策に基づき，児童相談所及び市町村の体制と専門性の強化を図るため，専門職の大幅な増員等について，2019 年度から 2022 年度までを対象とした計画を策定。

●緊急総合対策の更なる徹底・強化について（2019）

児童相談所及び学校における子どもの緊急安全確認の実施，要保護児童等の情報の取扱い・関係機関の連携に関する新ルールの設定及び児童相談所等の抜本的な体制強化を図る。

●児童虐待防止対策の抜本的強化について（2019）

昨今の児童虐待相談件数の急増，昨年の目黒区の事案，今年の野田市の事案等を踏まえ，児童虐待防止対策の抜本的強化を図る。児童虐待を防止するための児童福祉法等の改正法案を提出するとともに，2020 年度予算に向け，さらにその具体化を図る。

●児童福祉法等の一部改正（2019）

児童虐待防止対策の強化を図るため，児童の権利擁護（体罰の禁止の法定化等），児童相談所の体制強化，児童相談所の設置促進，関係機関間の連携強化など，所要の措置を講ずる。

出典：筆者作成

4. 子ども虐待支援の課題

　子ども虐待の支援においては，当然のことながら，発生させないことが最大の課題ですが，現実にはこれは不可能に近いといわざるを得ません。そうすると，早期発見，早期対応による深刻化の予防がもっとも現実的な取り組みとなります。

　虐待の危険から子どもを救済することは重要ですが，それは，虐待者との分離に目的があるのではありません。あくまでも親子が，できるだけ一緒に生活ができるようにすること，それが困難な場合であっても，親子の心理的関係をできるだけ保ちながら生活できるようになることを目標にして支援する必要があります。

　虐待を受けた子どもの多くが心に深い傷を負うことになります。その結果，自己肯定感を喪失したり，自暴自棄になったりすることも少なくありません。このような子どものこころの傷を癒やすためには，時間をかけた心理的なケアが必要です。

　虐待をする親自身も，自分自身の子ども時代の経験から，暴力的な子育てや子どもの心を傷つけるような方法でしか対応できない状況になっている場合や，家族や社会からの孤立や焦りのなかで，虐待を起こしてしまう場合もあります。また，親の知的あるいは精神的な障がいにより，このような行動にでる場合もあります。親子の関係を再構築するには，親への適切な支援も必要です。

〉〉注

1）第 15 次報告までで心理的虐待と認定された事案は 1 件のみです。

2）学校における体罰の禁止については，学校教育法第 11 条に規定されています。体罰と懲戒，および正当防衛と正当行為との峻別等については，「体罰の禁止及び児童生徒理解に基づく指導の徹底について」において，具体的に示されています。

3）周囲の関心を自分に引き寄せるために，ケガや病気を捏造し，注目を引こうとすること。自分自身におこなう場合ミュンヒハウゼン症候群，身近なものを代理としておこなう場合に，代理ミュンヒハウゼン症候群といいます。子ども虐待は，後者にあたります。

4）厚生労働省「体罰等によらない子育ての推進に関する検討会」（2020），体罰等によらない子育てのために

https://www.mhlw.go.jp/content/11920000/minnadekosodate.pdf

 学習の
ヒント

①子どもには，経済的虐待はないと思いますか。あるとすれば，どのような問題でしょうか。

②虐待死亡を減らすには，どのような方策が考えられますか。

参考文献

- 島田妙子（2016），虐待の淵を生き抜いて，毎日新聞出版

  【概　要】父からの激しい虐待を受けながらも生き延びてきた著者のノンフィクションであると同時に，保護者支援の重要性をつづったもの。読みやすい文体であり，まず親子の事情を知りたい人にはお薦めです。

- 保育と虐待対応事例研究会編（2019），保育者のための子ども虐待対応の基本，ひとなる書房

  【概　要】具体的な事例をあげながら，虐待への対応の方法をわかりやすく解説した手引き書。保育者のための子ども虐待対応の基本，保育現場で仕事をする人向けの本ですが，他の現場でも参考になります。

- 日本子ども家庭総合研究所編（2014），子ども虐待の手引き，有斐閣

  【概　要】厚生労働省が示す手引きを補完し，虐待対応の考え方，対応する制度，具体的様式などを示したもの。その後制度変更があり，一部の内容は改変されていますが，多くは有効です。

11 | 障がいのある子どもと人権

《**本章の目標＆ポイント**》「障がい」をどのようなものとしてとらえるか，言い換えると障がい者観は，障がい（児）福祉の根本に関わる重要テーマです。ICF，障害者権利条約，障害者差別解消法など，21世紀に入って，従来の障がい者観を揺るがす，大きなできごとが生じています。本章では，このような，障がい者観の変化を理解し，実際の施策等についても学習します。
《**キーワード**》 ICF，障害者権利条約，障害者差別解消法，障がい児の生活状況，障がい児福祉施策

1. 障がいのとらえ方

（1）「障がい」という表記

　「障がい」という表記は，制度上は「障害」と記されますが，「害」のもつ意味が，障がい者の存在を，社会的に有益でないものと誤解させる可能性があるということで，「障がい」や「しょうがい」と表記されることもあります。本著においても，制度や事業名については「障害」と表記しますが，一般的表現としては「障がい」と表記しています。

　ちなみに，「障害」という表記は，第二次世界大戦終了後以降の表記法で，それ以前は，身体障がいを指す場合，「障礙」や「障碍」（いずれも，「しょうがい」と読みます）と表記されていました。

　知的障がいは，古くは「白痴」，戦後は，しばらく「精神薄弱」と制度上は表記されていました。「精神発達遅滞」，「知恵遅れ」などの表現も一般には使われることがありましたが，1999年に法律が改正され，

「知的障害」という表記に制度上は統一されています。

　精神障がいについては，「瘋癲（ふうてん）」という表記が用いられていた時代もあります。加えて，精神障がいは，精神疾患や精神病など，医療の対象であって，長い間，福祉サービスの対象とはみられていませんでしたが，1995年，精神保健法が，精神保健及び精神障害者福祉に関する法律（通称，精神保健福祉法）に改正され，ようやく福祉サービスとして位置づけられることになりました。精神障がいのなかの，「精神分裂病」という表記も現在は用いられず，「統合失調症」と呼ばれています。「痴呆」とか「呆け」とか呼ばれていた症状も，現在では「認知症」と呼ばれ，社会的に定着しています。

　この他にも多くの例があります。言葉は，社会的に重要な意味をもちます。その意味は，辞書や使用する側だけで考えることはできません。専門家や当事者以外の人はあまり意識しないかもしれませんが，その言葉の対象となった当事者にとって，それが不快であることもあります。

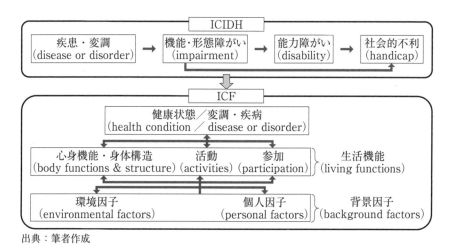

出典：筆者作成

図11-1　国際障害分類（ICIDH）から国際生活機能分類（ICF）へ

本人が差別的に感じたり，排除されていると感じたりする言葉は，専門用語は無論のこと，日常生活においても避ける必要があります。まさに，人権問題なのです。

（2）ICF にみる障がいモデル

　世界保健機構（WHO）は，2001 年，障がいの新しい概念を提唱しました。障がいは，かつては，国際障害分類（ICIDH[注1]）に基づき，疾病・（体の）変調から生じる機能障害，能力障害・能力低下，社会的不利という３つのレベルでとらえられていました。しかしながら，この枠組みでは，社会との関係性や，障がいのある個人の主体的な社会生活に関する視点が弱く，新たに，国際生活機能分類（ICF[注2]）という障がいモデルを提唱しました（**図 11-1**）。

　このモデルは，大きく生活機能と背景因子の２領域からなっています。さらに，生活機能は，心身機能・身体構造，活動，参加の３要素，背景因子は，環境因子と個人因子の２要素で構成されます。現在は，この考え方が普及し，心身の機能障害，活動の制限，参加の制約のすべてを含む包括的概念として用いられています。

　すなわち，障がいは，個人の内的な問題と環境との関係によって生じるという考え方であり，かつ社会参加ができない状況を問題と認識するということです。

（3）子ども・青年版の ICF

　子ども・青年期には，発達において特徴的な要素や，それに伴う必要な社会的支援があります。子ども・青年期の障がいモデルとして，ICF を基礎に開発されたものを，国際生活機能分類 - 児童版（ICF-CY[注3]）といいます。

ICF-CY は，2007 年，WHO から公表された ICF の派生分類です。
日本語版は 2009 年に発行されました^{注4}。ICF-CY は，18 歳未満を対
象としています。ICF と同様に生活機能の状況を記述するものとして，
関係者間等での共通概念としての役割が期待されるものです。

また，分類構造，カテゴリーは ICF と同じですが，二百余の新たな
分類項目の拡充や修正等が行われ，ICF の既存の分類項目と合わせて
1,600 余の項目を有します。ICF-CY は，成長・発達期の特徴を記録す
るために必要な，詳細な内容を補うものといわれています。

2. 障がい児・者の人権を保障するための法制度など

（1）子どもの権利条約

子どもの権利条約は，すべての子どもの権利に関わるものですが，障
がい児に特化した規定もみられます（**表 11-1**）。

この条文の特徴は，「人としての尊厳を保ちつつ，自立を促進すると
ともに，積極的な社会参加を図ることを通じて，十分かつそれぞれにふ
さわしい生活を営むこと」ができるようにすることを国に求めている点
にあります。さらに，社会的なサービスの利用は可能な限り無償にする
ことも求めています。

国連子どもの権利委員会では，日本の取り組み状況について，法整備
への評価はしていますが，個別的な状況については，いくつかの具体的
な勧告をしています（**表 11-2**）。

（2）障害者の権利に関する条約

国際的視点で，もうひとつ重要なものが，障害者の権利に関する条約
（通称，障害者権利条約）です。2006 年に国連総会において採択されま
した。日本は，2007 年に署名し，2014 年に批准しています。

　前項で紹介したように，子どもの権利条約でも，子ども全般に通ずる権利を規定しつつも，障がい児に固有の規定は設けられていました。障

表 11-1　子どもの権利条約（第 23 条）

　1　精神的又は身体的な障害を有する児童が，その尊厳を確保し，自立を促進し及び社会への積極的な参加を容易にする条件の下で十分かつ相応な生活を享受すべきであることを認める。
　2　障害を有する児童が特別の養護についての権利を有することを認めるものとし，利用可能な手段の下で，申込みに応じた，かつ，当該児童の状況及び父母又は当該児童を養護している他の者の事情に適した援助を，これを受ける資格を有する児童及びこのような児童の養護について責任を有する者に与えることを奨励し，かつ，確保する。
　3　障害を有する児童の特別な必要を認めて，2の規定に従って与えられる援助は，父母又は当該児童を養護している他の者の資力を考慮して可能な限り無償で与えられるものとし，かつ，障害を有する児童が可能な限り社会への統合及び個人の発達（文化的及び精神的な発達を含む。）を達成することに資する方法で当該児童が教育，訓練，保健サービス，リハビリテーション・サービス，雇用のための準備及びレクリエーションの機会を実質的に利用し及び享受することができるように行われるものとする。
　4　（略）

出典：子どもの権利条約

表 11-2　国連子どもの権利委員会による総括所見第 32 パラグラフ抄（2019）

　委員会は，合理的配慮の概念を導入した 2011 年の障害者基本法改正及び 2013 年の障害者差別解消法の採択を歓迎する。（中略）以下を勧告する。
　（a）（略）
　（b）統合された学級における包摂的教育を発展させ実施するために適切な人的・技術的資源及び財源に支えられた施策を強化すること。（後略）
　（c）学童保育サービスの施設及び人員に関する基準を厳格に適用し，その実施を監視するとともに，これらのサービスが包摂的であることを確保すること。
　（d）障害を有する児童が早期発見介入プログラムを含む保健サービスにアクセスできることを確保するための即時措置をとること。
　（e）教員，ソーシャルワーカー，保健，医療，治療やケアに従事する人材等，障害を有する児童とともに働く専門スタッフを養成し，増員すること。
　（f）（略）

出典：国連子どもの権利委員会

害者権利条約は，その逆で，障がい者全般に通ずる権利を規定しつつ，子どもに固有の権利を規定するものです。

　障害者権利条約における子ども固有の規定は，第7条にみられます。これを受け，障害を理由とする差別の解消の推進に関する法律では，国の責務として，「障害のある児童が他の児童との平等を基礎として全ての人権及び基本的自由を完全に享有することを確保するための全ての必要な措置をとる」と規定しています。

（3）障害者基本法

　障害者基本法は，1970年に，心身障害者対策基本法として制定され，1993年から現在の名称となりました。この法律は，「障害の有無にかかわらず，等しく基本的人権を享有するかけがえのない個人として尊重されるものであるとの理念にのっとり，全ての国民が，障害の有無によって分け隔てられることなく，相互に人格と個性を尊重し合いながら共生する社会を実現する」（法第1条）ことを目的として制定されたものです。

　この法律に基づき，国には，障がい者の自立及び社会参加の支援等のための施策の総合的かつ計画的な推進を図るため，障がい者のための施策に関する基本的な計画（障害者基本計画）の策定が義務づけられています。都道府県や市町村においても，同様の計画の策定が義務づけられています。

（4）障害を理由とする差別の解消の推進に関する法律

　障害を理由とする差別の解消の推進に関する法律（通称，障害者差別解消法）は，障害者権利条約の批准に向けて，その対応のひとつとして，2013年に制定されました。法律では，障がいに基づく差別には，障が

い者を直接排除したり非難したりするようなものに限らず，生活を阻害するような状況を放置すること（合理的配慮^{注5)}の否定）も含む」と定義しています。合理的配慮とは，「障害者が他の者との平等を基礎として全ての人権及び基本的自由を享有し，又は行使することを確保するための必要かつ適当な変更及び調整であって，特定の場合において必要とされるものであり，かつ，均衡を失した又は過度の負担を課さないもの」（障害者権利条約第 2 条）をいいます。

　この法律に基づいて，国には，「障害を理由とする差別の解消の推進に関する施策を総合的かつ一体的に実施するため，障害を理由とする差別の解消の推進に関する基本方針（基本方針）」の策定が義務づけられています。基本方針は，2015 年に公表されています。

（5）障がい児の福祉に関わる法律

　障がい児も，当然，一人の子どもですから，ほとんどの子どもに関わる法律や制度の対象となります。そのうえで，障がい児に特化した法規定や制度を整備しているか否かということになります。子どもの権利条約，児童福祉法，学校教育法，児童扶養手当法などはその代表例です。

　さらに，障がい児のみを対象とした法律もあります。たとえば，特別児童扶養手当等の支給に関する法律（通称，特別児童扶養手当法）です。

　一方で，障がいの方に着目して，その中に子どもに関する規定や制度を設けたものもあります。たとえば，障害者権利条約，発達障害者支援法，障害者の日常生活及び社会生活を総合的に支援するための法律（通称，障害者総合支援法）です。

　最後は，大人と子どもの区別を特にせず，障がい全般について規定する法律や制度です。これには，障害者差別解消法，身体障害者福祉法，知的障害者福祉法などです。

3. 障がいのある子どもたちの状況

（1）障がいの種別

　障がいには，身体障がい，知的障がい，精神障がい，の大きく3つの種別があります。

　身体障がいには，さらに，視覚障がい，聴覚障がい（聴覚，平衡機能，音声・言語・そしゃく機能），肢体不自由（上肢，下肢，体幹機能，乳幼児期以前の非進行性の脳病変による運動機能），内部障がい（心臓機能，じん臓機能，呼吸器機能，ぼうこう・直腸機能，小腸機能，免疫機能）の4類型に分かれます。

　精神障がいには，統合失調症，双極性障がい，うつ病，てんかん，薬物やアルコールによる急性中毒やその依存症，高次脳機能障がい，その他の精神疾患（ストレス関連障がいなど）などがあります。発達障がいは，障害者基本法では精神障がいのひとつと位置づけられていますが，福祉制度の利用については，すべてが認められているわけではありません。精神保健福祉法では，知的障がいも精神障がいと位置づけられていますが，知的障害者福祉法や児童福祉法があるため，福祉制度上は精神障がいには位置づけません。

　一方で，難病・小児慢性特定疾病については，障がいとは分類されませんが，障害者総合支援法では障がい福祉サービスの対象と位置づけています。

（2）発達障がい

　1980年代頃から，知的には大きな問題はないにもかかわらず，社会生活において困難を伴う子どもたちの存在が教育現場や福祉現場で意識されるようになりました。このような状況に対して，2004年，国は発

達障害者支援法を制定し，総合的な取り組みを始めることとなりました。発達障がいは，障がいの定義としては，明確にされていませんが，精神障害者保健福祉手帳の支給対象としては認められています。

　発達障がいの原因は完全にわかっているわけではありませんが，現在では，先天的な脳機能障害が原因となって生じるという考え方が主流となっています。かつて流布していた「親のしつけ方・育て方が悪い」「親の愛情不足」といった心因論は，現在では医学的にはほぼ否定されています。発達障害者支援法では，「自閉症，アスペルガー症候群その他の広汎性発達障害，学習障害，注意欠陥多動性障害その他これに類する脳機能の障害であってその症状が通常低年齢において発現するものとして政令で定めるもの」と定義しています。

（3）障がい児・者の数

　2010年代後半の障がい者の人数の推計値は，身体障がい児7.1万人，知的障がい児22.1万人，精神障がい児27.6万人で，合わせると56.8万人注6）になります（**表11-3**）。身体障がい児はもっとも少なく，知的障がい児や精神障がい児が多いのが子どもの特徴です。とりわけ，精神障がい児が多いことは，子どもたちの生きづらさを象徴しています。

　障がい者を含めた，全体の推計値は，身体障がい児・者436万人，知的障がい児・者108万人，精神障がい児・者419万人で，合わせると963万人となります

（4）障がい児・者の生活場所

　表11-3には，障がい児・者の生活場所による分布も示してあります。障がい児・者の，9割以上は自宅で生活しています。とりわけ，障がい児ではこれが98％弱となります。障がい者では8割台後半であり，障

がい者では施設や病院で生活している人が比較的多いことがわかります。

表11-3　障がい者の数と生活場所

		総　数	在宅者	施設入所者
身体障がい児・者	18歳未満	7.1万人	6.8万人	0.3万人
	18歳以上	419.4万人	412.5万人	6.9万人
	年齢不詳	9.3万人	9.3万人	―
	合計	436.0万人（34人）	428.7万人（34人）	7.3万人（1人）
知的障がい児・者	18歳未満	22.1万人	21.4万人	0.7万人
	18歳以上	84.2万人	72.9万人	11.3万人
	年齢不詳	1.8万人	1.8万人	―
	合計	108.2万人（8人）	96.2万人（8人）	12.0万人（1人）

		総　数	外来患者	入院患者
精神障がい者	20歳未満	27.6万人	27.3万人	0.3万人
	20歳以上	391.6万人	361.8万人	29.8万人
	年齢不詳	0.7万人	0.7万人	0.0万人
	総計	419.3万人（33人）	389.1万人（31人）	30.2万人（2人）

資料：「身体障がい児・者」在宅者：厚生労働省「生活のしづらさなどに関する調査」（平成28年）
施設入所者：厚生労働省「社会福祉施設等調査」（平成27年）等より厚生労働省社会・援護局障害保健福祉部で作成
「知的障がい児・者」在宅者：厚生労働省「生活のしづらさなどに関する調査」（平成28年）
施設入所者：厚生労働省「社会福祉施設等調査」（平成27年）等より厚生労働省社会・援護局障害保健福祉部で作成
「精神障がい者」外来患者：厚生労働省「患者調査」（平成29年）より厚生労働省社会・援護局障害保健福祉部で作成
入院患者：厚生労働省「患者調査」（平成29年）より厚生労働省社会・援護局障害保健福祉部で作成
注：1.（　）内数字は，総人口1,000人あたりの人数（平成27年国勢調査人口による）。
2. 精神障がい者の数は，ICD-10の「Ⅴ精神及び行動の障害」から精神遅滞を除いた数に，てんかんとアルツハイマーの数を加えた患者数に対応している。
3. 身体障がい児・者の施設入所者数には，高齢者関係施設入所者は含まれていない。
4. 四捨五入で人数を出しているため，合計が一致しない場合がある。
出典：厚生労働省（2019），厚生労働白書（平成30年版）資料編，220頁

4. 障がい児に対する主な福祉施策

　障がい児に対する福祉サービスは，早期発見・早期療育，在宅福祉サービス，施設福祉サービス，経済的支援，の大きく 4 つの内容で構成されています。

（1）早期発見・早期療育

　早期発見・早期療育を目的とする施策には，手帳制度，療育指導，自立支援医療，補装具の交付・修理，日常生活用具の給付・貸与などがあります。また，母子保健サービスの一環としておこなわれている，妊婦健康診査，乳幼児健康診査，先天性代謝異常等検査などの健康診査や，保健所・保健センター，児童相談所，家庭児童相談室などでの相談指導，さらには，身体障害者相談員あるいは知的障害者相談員による相談なども，早期発見・早期療育を図るうえで重要な意味をもちます。

　手帳制度としては，身体障がい児については身体障害者手帳，知的障がい児については療育手帳，精神障がい児については精神障害者保健福祉手帳があります。

　自立支援医療は，身体に障がいのある子どもを対象とするもので，かつては，育成医療として，児童福祉法に規定されていましたが，現在は，障害者総合支援法に基づいて実施されています。

（2）在宅福祉サービス

　障がい児とその家庭の支援のための在宅福祉サービスには，障害者総合支援法に基づく介護給付としての居宅介護（ホームヘルプ），短期入所（ショートステイ），地域生活支援事業としての日常生活用具給付等事業，移動支援，日中一時支援事業，児童福祉法に基づく放課後等デイ

サービス，保育所等訪問支援，障害児相談支援（障害児支援利用援助および継続障害支援児利用援助）などがあります。

　サービスの利用は，18歳以上の場合は，市町村による障害支援区分認定を受ける必要がありますが，18歳未満の場合，利用するサービスによっては，障害支援区分の認定が必要でない場合もあります。

（3）施設福祉サービス

　障がい児に関する施設福祉サービスは，障害者自立支援法（現，障害者総合支援法）制定に合わせ，施設の種類，利用方法，費用負担が大きく変わりました。

　施設の種類は，入所か通所かという主たる機能により，障害児入所施設と児童発達支援センターの2つに整理されました。また，それぞれの内部類型として，福祉型と医療型の2つがあります。

（4）経済的支援

　経済的支援としては，直接金銭を給付する特別児童扶養手当や障害児福祉手当，心身障害者扶養共済制度，また，障害者控除や利子課税免除などの税制上の優遇措置，利用料の減免などのような割引制度などがあります。

　特別児童扶養手当は，知的，身体または精神に中・重度の障がいを有する20歳未満の子どもを，現に監護・養育している人に対して支給されるものです。

5. 障がい児に対する福祉施策の課題

　障がい児に対する福祉施策の課題は多くありますが，ここでは，三点を指摘し，簡単に解説しておきます。

　第 1 は，「障がい」を理由にした差別的な対応がなされないような社会づくりです。社会づくりには，住民の意識，制度利用，社会参加・社会生活を阻害しないような環境づくりなどを含みます。障害者権利条約，障害者差別解消法，障害者基本法は，その根拠を与えるものであり，行政のみならず，企業さらには国民すべてが意識する必要があります。

　第 2 は，早期発見・早期療育体制の整備です。とりわけ子どもの場合，早期発見・早期療育が，本人にとっても保護者にとっても，その後の生活のしづらさを軽減させることになる場合が多いと考えられます。このことは，障がいのない子どもとの分離したサービスを提供することだけを意味しているわけではありません。保護者が状況を受容，理解し，子どもの育ちにふさわしい環境を準備するための自覚を促すということです。したがって，援助者には，子ども自身の立場だけでなく，保護者や家族全員の立場を勘案しつつ援助を進めていくという視点が求められます。

　第 3 は，子どもと保護者の生活観や意思が一致しない場合の対応です。子どもと保護者の生活観や意思が真に一致しているかどうかの検証は困難です。とりわけ，子どもが小さいときや，意思決定能力，意思伝達能力などが低い場合はなおさらです。かといって，専門家が子どもの代弁を適切にできるかというと，それも疑わしいと考えられます。すなわち，もともと保護者や社会との関係で弱い立場にあるなかで，子ども自身の生活観や意思を適切に擁護できる人が誰なのか，この問題は障がい児に典型的に現れやすいとはいうものの，子ども家庭福祉共通の課題でもあるといえます。

》注

1) International Classification of Impairments, Disabilities, and Handicaps
2) International Classification of Functioning, Disability and Health
3) International Classification of Functioning, Disability and Health-version for Children & Youth
4) 厚生労働大臣官房統計情報部（2010），ICF-CY 国際生活機能分類―小児・青少年に特有の心身機能・構造，活動等を包含―，厚生労働統計協会
5) reasonable accommodation
6) 全体集計を含め，一部重複している可能性はあります。

①これまでの人生のなかで，あなたはどのような障がい者と出会ったことがありますか。その際，あなたはどのような関わりをしましたか。
②あなたの周辺で，合理的配慮がなされている場面（状況），逆になされていない場面（状況）を考えてみてください。

参考文献

● DPI 日本会議（2016），合理的配慮，差別的取扱いとは何か―障害者差別解消法・雇用促進法の使い方―，解放出版社
　【概　要】差別解消をめざして制定または改正された，サブタイトルに示してある 2 つの法律について，企業や行政，学校などはどのような取り組みをすべきかを具体的に解説したものです。差別禁止指針，合理的配慮指針など付属資料も豊富で，役に立ちます。
● 一般社団法人全国児童発達支援協議会（2017），障害のある子を支える児童発達支援等実践事例集，中央法規出版
　【概　要】発達障がい児支援の専門団体である協議会が，具体的な実践例を豊富に紹介したもの。支援者にはお薦めです。
● 松井亮輔・川島聡（2010），概説障害者権利条約，法律文化社
　【概　要】障害者権利条約の概要を示すとともに，権利侵害あるいは権利擁護の視点を，参加，生命，自立生活，リハビリテーション，情報アクセス，教育，虐待防止，労働と雇用，手話とろう文化など，具体的な場面ごとに解説してあります。

12 │ 就学前の拠点型保育・教育と子どもの人権

《**本章の目標＆ポイント**》 子育ては，保護者を核としつつも，社会全体で取り組むべきものであることは，児童福祉法が規定するところです。就学前の子どもたちの代表的な育ちの場は，保育所，幼稚園，認定こども園，の3つです。

　本章では，これらが現在どのような状況になっているのか，またどのような道を歩んできたのか，さらには，これらの施設，とりわけ運営に関わる費用を支弁する，子ども・子育て支援制度について学習します。

《**キーワード**》 保育・教育を受ける権利，保育所・幼稚園・認定こども園の動向，就学前の拠点型保育・教育の歩み，子ども・子育て支援制度

1. 保育・教育を受ける権利

　子どもの権利条約や児童権利宣言においては，子どもに教育を受ける権利があることを明記しています（**表12-1**）。また，初等教育（日本では小学校に相当）については，義務でありかつ無償であるとされています。

　就学前の保育・教育については，義務や無償であることを求めていませんが，2019年10月からは，3歳以上の保育・教育については，無償化されています。

　保育については，権利として明確に位置づけられているわけではありませんが，児童福祉法で，「保育を必要とする子ども」については，保育所，認定こども園，家庭的保育事業，小規模保育事業，居宅訪問型保

育事業又は事業所内保育事業において，保育を実施することを義務づけており，保育を受ける権利が間接的に規定されていると考えられます。

表 12-1　法律や条約等にみる保育・教育を受ける権利

子どもの権利条約（第 28 条）
締約国は，教育についての児童の権利を認めるものとし，この権利を漸進的にかつ機会の平等を基礎として達成するため，特に，（a）初等教育を義務的なものとし，すべての者に対して無償のものとする。（以下略）
児童権利宣言（第 7 パラグラフ）
児童は，教育を受ける権利を有する。その教育は，少なくとも初等の段階においては，無償，かつ，義務的でなければならない。
教育基本法（第 11 条）
幼児期の教育は，生涯にわたる人格形成の基礎を培う重要なものであることにかんがみ，国及び地方公共団体は，幼児の健やかな成長に資する良好な環境の整備その他適当な方法によって，その振興に努めなければならない。
児童福祉法（第 24 条）
第 1 項　市町村は（中略），保護者の労働又は疾病その他の事由により，その監護すべき乳児，幼児その他の児童について保育を必要とする場合において（中略），当該児童を保育所（中略），において保育しなければならない。 　第 2 項　市町村は，前項に規定する児童に対し，認定こども園法第 2 条第 6 項に規定する認定こども園（中略），又は家庭的保育事業等（家庭的保育事業，小規模保育事業，居宅訪問型保育事業又は事業所内保育事業をいう。）により必要な保育を確保するための措置を講じなければならない。

出典：子どもの権利条約，児童権利宣言，教育基本法，児童福祉法

また，「保育を必要としない子ども」についても，一時保育などの事業推進が図られています。

2. 保育所・幼稚園・認定こども園の動向

（1）施設数の動向

　1985 年頃までの保育所および幼稚園は，ともに施設数が増加していましたが，その後は一時期ともに減少しています。幼稚園はさらに減少し続け，現在ではピーク時の 2/3 程度にとどまっています。一方保育所は，2000 年代に入ると回復し，現在では再びわずかに減少しています（**表 12-2**）。保育所の減少は，実際に廃園等になったことだけではなく，認定こども園に移行したことが大きく影響しています。

　2015 年，子ども・子育て支援制度の創設に伴い，新たな形となった幼保連携型認定こども園は，順調に伸びています。

　運営主体でみると，幼稚園は公民で施設数の変化に大きな差はなく，全体状況と同様の変化をしています。保育所については，公営施設は全体としては減少傾向ですが，民営施設は 2000 年以降，急速に数を増や

表 12-2　就学前保育・教育施設数の推移

		1965年	1970年	1975年	1980年	1985年	1990年	1995年	2000年	2005年	2010年	2015年	2018年	ピーク時
	公営保育所	6,771	8,684	11,545	13,311	13,590	13,371	13,184	12,707	11,752	10,935	8,717	7,599	13,636（1984年）
	民営保育所	4,428	5,417	6,693	8,725	9,309	9,332	9,304	9,492	10,872	11,963	14,925	15,223	11,963（2008年）
保育所全体		11,199	14,101	18,238	22,036	22,899	22,703	22,488	22,199	22,624	22,898	23,642	22,822	22,898（2008年）
	公営幼稚園	3,119	3,952	5,310	6,112	6,317	6,291	6,217	5,972	5,595	5,350	5,595	3,776	6,317（1985年）
	民営幼稚園	5,383	6,844	7,798	8,781	8,903	8,785	8,639	8,479	8,354	8,276	8,354	6,686	8,917（1984年）
幼稚園全体		8,502	10,796	13,108	14,893	15,220	15,076	14,856	14,451	13,949	13,626	11,674	10,462	15,220（1985年）
	公営認定こども園											374	647	647（2018年）
	民営認定こども園											1,564	3,762	3,762（2018年）
幼保連携型認定こども園全体												1,938	4,409	4,409（2018年）

出典：厚生労働省（各年版），社会福祉施設等調査。文部科学省（各年版），学校基本調査

168

しています。公営施設の減少は，過疎地の子ども減による廃園あるいは
統廃合と，都市部の待機児問題や市町村の財政問題からくる民営化によ
るものが大きいと考えられます。

（2）保育所・幼稚園の子ども数の動向

　保育所および幼稚園の利用児数は，1980 年頃までは増加傾向でした
が，その後幼稚園は減少し続けています（**図 12-1**）。この間，受け入れ
年齢の低年齢化，保育時間の長時間化などの対応が図られましたが，減
少傾向が止まることはありませんでした。保育所も同じ時期に減少しま
したが，1995 年以降は，再度増加に転じています。幼保連携型認定こ
ども園については，40 万人を超え，幼稚園の半分程度の利用児数となっ
ています。

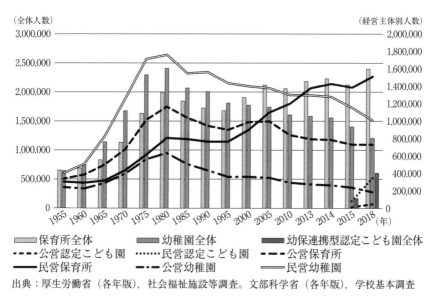

出典：厚生労働省（各年版），社会福祉施設等調査。文部科学省（各年版），学校基本調査

図 12-1　就学前保育・教育施設の子ども数

　運営主体でみると，幼稚園は公営，民営で比較しても，利用児数の傾向に大きな違いはなく，全体状況と同様の変化をしています。保育所については，公営施設は全体としては減少傾向ですが，民営施設は 1995年以降，急速に利用児数を増やし，2013 年には民営幼稚園を上回り，就学前の子どもの最大の育ちの場となっています。幼保連携型認定こども園については，民営施設での増加が著しく，すでに公営幼稚園の 2 倍以上の利用児数となっています。

3. 就学前の拠点型保育・教育の歩み

（1）就学前の拠点型保育・教育サービス発展の 5 段階

　就学前の拠点型保育・教育サービスの中心的供給主体である保育所は，戦後，大きく 5 段階で事業を拡大してきました。

　第 1 期は，児童福祉法が制定された 1947 年から 1960 年前後までの時期で，主として低所得者対策あるいは戦後処理対策をおこなっていました。制度としての保育所は，利用者を低所得者に限定したことはありませんが，社会の認識は，低所得者や共働きの公務員の保護者が利用するというイメージだったと考えられます。この期の初期は，戦前から存在した民営保育所が中心でしたが，後半になると公営保育所の設置が進みます。

　第 2 期は，1975 年前後までで，高度経済成長を支える活動をしていました。この時期には，保育所の新設ラッシュとなり，とりわけ公営保育所の拡充が進みます。

　第 3 期は，1990 年前後までで，就労の多様化に伴うニーズの多様化に対応し，保護者のニーズに合わせて，延長保育や乳児保育，その後は休日保育や病児保育など，現に利用している者に対する取り組みが拡充していきました。就労を通じた女性の自立支援という側面も強くなりま

す。これらを担うのは民営保育所で，公営保育所の新設はほとんどみられなくなります。

　第4期は，2005年前後までで，就労以外の社会参加を含む女性の自立支援や地域子育て支援，すなわち，保育所の利用者でない家庭と子どもへの支援が拡充します。一時保育，地域子育て支援センター（現，地域子育て支援拠点事業），園庭開放，保育相談など，「保育に欠けない」注1）子どもを対象とした事業です。

　一方，保育ニーズはますます増大し，待機児問題が顕在化しました。待機児童ゼロ作戦（2001）など，待機児解消のためのプランも次々発表され，定員の弾力化，保育所分園の設置，民営保育所の新設が進みます。公営保育所の新設はほぼみられなくなるとともに，待機児対策や財政難を理由とする民営化によって，減少し続けます。

　第5期は，2005年前後から今日までで，都市部では待機児問題，地方では幼稚園の減少，地域では子育て家庭の不安や子育て困難など，多くの場面で問題が噴出している時期です。幼保一体化，多様な子育て支援，待機児対策の展開などを視野に入れた，新しい子ども・子育て支援制度は，この期を代表する取り組みです。

　生活に密着した事業展開を旨とする保育所は，ほぼこのような時代展開をしていきましたが，幼稚園については，教育理念・哲学を大切にした活動をする傾向があり，世の中の状況が大きく変わっているにもかかわらず，2000年頃まで，あまり大きく活動内容を変えることはありませんでした。しかしながら，少子化，就労化が避けられない状況となった第5期となり，幼保連携型認定こども園への移行や預かり保育注2）は，保育所ほどではないとはいえ進みつつあります。

（2）拠点型保育・教育サービスの5類型

　保育サービスの75年の歩みを踏まえると，今日の拠点型保育・教育施設には，5つの類型が考えられます（**図12-2**）。

　第1類型は，認可制度としての基本のみを展開している保育・教育施設です。このような事業運営でも，制度的には何も問題はありませんが，著しい少子化を前提に将来展望を考えた場合には，競争力が低下してくるものと考えられます。歴史的展開を重ねてみるならば，保育所や幼稚園の整備が進んだ，高度経済成長期の段階の頃に求められていたものとしか位置づけることができないと考えられます。

　第2類型は，基本事業のうえに，延長保育，夜間保育，休日保育，預かり保育などのサービスを上乗せして展開している保育・教育施設です。女性の就労の多様化に合わせて，就労支援に特化した道を歩んでい

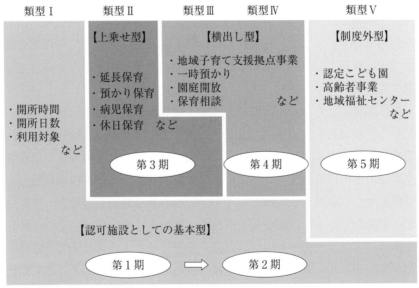

出典：筆者作成

図12-2　就学前の拠点型保育・教育サービス発展の5類型

た時期の保育所の姿ということができます。今日でもこのようなニーズは高く，ほとんどの保育所や認定こども園は，この類型にあります。時流に遅れていた幼稚園も，民営幼稚園はほぼこの状況となっています。

第3類型は，第2類型と後記の第4類型をいずれも実施するもので，乳幼児期の子どもおよび保護者のニーズのほとんどに対応する方向を意味しています。時代状況を踏まえて展開してきた保育所や幼稚園の場合，現在は，おおむねこのような形態となっているか，それを志向しているものが多いといえます。認定こども園は地域の子育て支援が義務づけられているため，原則すべてこの類型となります。

第4類型は，基本事業のうえに，一時預かり，地域子育て支援拠点事業など，「保育を必要としない」子どもや保護者のニーズを対象とした事業を横出しして運営する形態で，保育・教育施設を地域のすべての子どもたちに開放して運営しようとするものです。このなかでも，園庭開放，保育相談，一時預かり，地域子育て支援拠点事業などは地域からの期待も高いといえます。歴史的には，第2類型ののちにでてきた運営形態です。類型としては，基本事業と直接組み合わせておこなうことも可能です。

第5類型は，もっとも新しい形態で，保育所と幼稚園の垣根を越え，認定こども園として事業展開をするものです。とりわけ，幼保連携型認定こども園はそれがもっとも顕著な事業です。民営施設の場合，高齢者や障がい者の保健福祉サービス，社会教育関連事業など，関連分野への事業拡大もこの時期の特徴となります。一方，公営施設の場合，統廃合が一層進むとともに，民営化も積極的に進められています。また，公営幼稚園の場合，今後の利用児数の減少を考えると，現状のままでは民営化が困難であり，統廃合あるいは保育所との統合による認定こども園化がさらに進むと考えられます。

4. 子ども・子育て支援制度と就学前の保育・教育拠点

（1）子ども・子育て支援制度の概要

　2015年4月，子ども・子育て支援制度が本格実施となりました。この制度は，急速な少子化の進行，家庭や地域を取り巻く環境の変化などを踏まえ，改めて，社会全体で子どもの育ちや，保護者の子育てを支援することを通じて，一人ひとりの子どもが健やかに成長することができる社会の実現に寄与することを目的とするものです。

　この制度のポイントは，**表12-2**に示す七点にあります。これらを総

表12-2　子ども・子育て支援制度のポイント

①認定こども園，幼稚園，保育所を通じた共通の給付（施設型給付）および
　小規模保育等への給付（地域型保育給付）の創設
②認定こども園制度の改善
③地域の実情に応じた子ども・子育て支援（地域子ども・子育て支援事業）
　の充実
④基礎自治体が実施主体（市町村）
⑤社会全体による費用負担（消費税率の引き上げ財源の活用）
⑥政府による推進体制（内閣府に子ども・子育て本部を設置）
⑦子ども・子育て会議の設置（国は義務，地方は努力義務）

出典：子ども・子育て支援制度

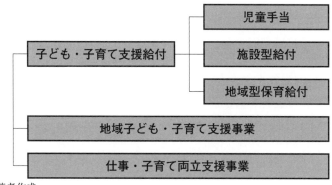

出典：筆者作成

図12-3　子ども・子育て支援制度に関わる給付・事業の全体像

合的に推進するため，国には，「教育・保育及び地域子ども・子育て支援事業の提供体制を整備し，子ども・子育て支援給付並びに地域子ども・子育て支援事業及び仕事・子育て両立支援事業の円滑な実施の確保その他子ども・子育て支援のための施策を総合的に推進するための基本的な指針」（基本指針），都道府県には「子ども・子育て支援事業支援計画」，市町村には「子ども・子育て支援事業計画」の策定が，それぞれ義務づけられています。これらの基本指針や事業計画を検討するための機関として，国には子ども・子育て会議の設置が義務づけられています。また地方には，同様の機関の設置の努力義務が課せられています。

この制度に基づく給付や事業は，子ども・子育て支援給付と地域子ども・子育て支援事業注3)，仕事・子育て両立支援事業の大きく3つに分かれます（**図12-3**）。子ども・子育て支援給付は，さらに，児童手当，施設型給付，地域型保育給付注4)の3つに分かれます。仕事・子育て両立支援事業は，所定の要件を満たしていると認定された事業所内保育事業への助成をおこなう事業です。

（2）施設型給付

施設型給付の対象となる施設は，保育所，施設型給付幼稚園，認定こども園（4類型）です。私学助成で運営される幼稚園や国立幼稚園は，この枠組みには含まれません。給付の対象とならない施設を含め，利用者からみた施設の全体像を示したのが**図12-4**です。

①保育所

保育所は，「保育を必要とする乳児・幼児を日々保護者の下から通わせて保育を行うことを目的とする施設（利用定員が20人以上であるものに限り，幼保連携型認定こども園を除く）とする。保育所は，前項の規定にかかわらず，特に必要があるときは，保育を必要とするその他の

児童を日々保護者の下から通わせて保育することができる」と児童福祉法に規定されています。

　事業者は必要に応じて，地域子ども・子育て支援事業から，延長保育事業，病児保育事業，などを実施します。

②施設型給付幼稚園

　施設型給付幼稚園は，子ども・子育て支援制度に基づく給付を受ける幼稚園で，市町村の管轄となります。保育料の無償化により，私学助成幼稚園との違いがわかりにくくなっていますが，制度上は，保育料は市町村が決定し，負担は応能負担[注5]となります。

　私学助成幼稚園で一般に「預かり保育」と呼んでいる，教育標準時間終了後の教育活動や夏季休業中等長期休業中の活動については，一時預かり事業（幼稚園型）で対応することができます。

③認定こども園

　認定こども園は，就学前の子どもに関する教育，保育等の総合的な提

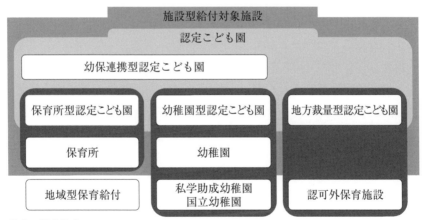

出典：筆者作成

図 12-4　就学前教育・保育拠点の全体像

供の推進に関する法律（通称，認定こども園法）に基づき認定された施設で，以下の4類型があります。

・幼保連携型認定こども園

幼保連携型認定こども園は，保育所と幼稚園の双方の特性を組み合わせた新しい施設です。①3歳以上の子どもについては，保護者の生活状況にかかわらず，すべての子どもが利用できることを可能とする^{注6)}，②地域子育て支援の実施を義務づける，③3歳以上の子どもの教育については学校教育と位置づける，④主たる職員を保育教諭とする，などの特性をもちます。

・保育所型認定こども園

基本はあくまでも保育所であり，教育は提供していますが，学校教育とは認められません。3歳以上については「保育の必要のない」子どもも受け入れることができることを特性とします。

・幼稚園型認定こども園

基本はあくまでも幼稚園として位置づけられます。定員を設けることで，3歳未満児を含め，「保育の必要性のある」子どもを受け入れることができることを特性とします。

預かり保育への対応については，幼稚園と同様です。

・地方裁量型認定こども園

保育所および幼稚園制度からみると認可外施設になりますが，認定こども園法による認定を，都道府県（政令指定都市および中核市を含む）から受けることにより，施設型給付を受けるものです。

5. 就学前の拠点型保育・教育における課題

　就学前の拠点型保育・教育施策は，多くの子育て家庭が一度は利用するといっていいほど，就学前施策のなかでももっとも普及しているものです。したがって，ニーズの変化に伴う制度的対応も常に意識されています。しかしながら，まだ十分には成果の上がっていない取り組み，あるいは今後検討すべき取り組みとして，代表的な課題を三点指摘しておきます。

（1）待機児童対策
　「保育を必要とする子」の受け皿としての保育所等の整備が急速に進められており，2019 年 4 月時点での定員は約 289 万人となっています。これは，2014 年 4 月時点より，約 55 万人の増加となっています。しかしながら，保育の必要性が認定されたにもかかわらず利用できていない状況にある子ども（待機児童）が，1.7 万人弱（うち，9 割弱が 3 歳未満児）います。市町村でみると 442 市町村，うち待機児童数が 50 人以上と相対的に多い市町村は 93 になります。待機児童のいる家庭にとっては，長期的な視点ではなく，早急の対応が必要です。

（2）認定こども園のさらなる普及
　認定こども園制度が本格実施（2015 年）となって 5 年以上が経過し，設置数は着実に伸びていますが，市町村で偏りがあります。これをさらに普及していく必要があります。
　とりわけ，幼稚園がない市町村では，1 号認定こども^{注7）}の社会的な育ちの場が存在しないことになります。このような市町村が，2018 年の学校基本調査でみると 25％以上，さらに，ほぼこれに近い状況にあ

る，1園しか幼稚園が存在しない市町村を含めると5割弱になります。このような地域でも，ほとんどのところに保育所は存在しており，保育所の認定こども園化が求められます。

（3）対等な学校教育の保障

　子どもの育ちにおいて教育は重要な意味をもちます。主な育ちの拠点である，保育所（保育所型認定こども園を含む），幼稚園（幼稚園型認定こども園を含む），幼保連携型認定こども園においてはすべて教育が提供されていますが，もっとも利用者が多い保育所がおこなう教育のみが「学校教育」と認められていません。保育所保育指針，幼稚園教育要領，幼保連携型認定こども園教育・保育要領においては，保育・教育の領域，ねらい，内容，育つ子どもの姿，いずれもほぼ同じ内容で位置づけられています。

　これについては，保育所の教育を学校教育と認める，もしくは保育所が幼保連携型認定こども園に移行するなどの対応により，対等な学校教育を保障していくことが必要です。

〉〉注

1）児童福祉法制定直後から，保育所は「保育に欠ける」子どもを対象と規定していましたが，子ども・子育て支援制度（2015）導入に際して「保育の必要な」子どもとの規定に変わりました。

2）教育課程に係る教育時間の終了後に希望する者を対象に行う教育活動のこと。夏季，冬季，春季などの長期休業中の保育も預かり保育に含まれます。

3）第 13 章で説明します。

4）小規模保育（利用定員 6 人以上 19 人以下），家庭的保育（利用定員 5 人以下），居宅訪問型保育，事業所内保育の 4 事業からなります。

5）所得に応じた負担制度。所得と無関係に定額負担する制度を応益負担といいます。私学助成幼稚園は，応益負担です。

6）ただし，「保育の必要のない」子どもの利用時間はおおむね 4 時間程度になります。

7）3 歳以上で「保育の必要のない」と認定された子どものことをいいます。ちなみに，2 号認定こどもとは，3 歳以上で「保育の必要がある」と認定されたもの，3 号認定こどもとは，3 歳未満で「保育の必要がある」と認定されたものをいいます。

**学習の
ヒント**　①あなたが就学前に利用していた施設が現在どのような状況にあるか確認してみてください。

②認定こども園制度について，さらに深く学習しましょう。

参考文献

● 安家周一・片山喜章他（2017），新幼稚園教育要領，保育所保育指針，幼保連携型認定こども園教育・保育要領がわかる本：現場のエピソードでかなりわかる！，ひかりのくに

　【概　要】保育所，幼稚園，幼保連携型認定こども園がどのような教育や保育を展開することになっているのかを解説するとともに，実際にどのようなことがおこなわれているのかを事例を中心にわかりやすく説明した，読みやすい文献です。

● 柏女霊峰（2015），子ども・子育て支援制度を読み解く，誠信書房

　【概　要】子ども・子育て支援制度の創設に関わった著者が，制度のポイントや課題についてわかりやすく解説したものです。基本の文献としてお薦めします。

● 汐見稔幸他（2017），日本の保育の歴史―子ども観と保育の歴史150年，萌文書林

　【概　要】子ども観をひもときながら，幼稚園を含む保育が，どのように展開してきたのかを詳細に検討した研究書です。少し，難しい内容ですが，保育の歴史に興味のある人には必読の文献です。

13 | 地域子育て支援と子どもの人権

《**本章の目標＆ポイント**》 就学前の保育・教育施策の充実というと，保育所
や幼稚園のことを思い浮かべがちですが，これらを利用する前段階である，
家庭で子どもを養育する保護者への支援（地域子育て支援）も重要です。本
章では，地域子育て支援の重要性，意義，基本的考え方などについて学習し
ます。
《**キーワード**》 地域子育て支援の必要性，地域子育て支援の意義，代表的な
地域子育て支援施策，地域子育て支援の考え方，地域子育て支援活動に取り
組むにあたっての留意点

1. 地域子育て支援の必要性とその意義

（1）地域子育て支援とは何か

　子育て支援とは，文字どおり「子育てをしているもの」，多くの場合
は親に代表される保護者に対する支援ということを意味しています。支
援の実践過程においては，子ども自身の育ちの支援のみならず，家庭全
体を育てる主体ととらえ，子育て家庭への支援という意味をもたせるこ
ともあります。

　このような意味での子育て支援には，大きく2つの内容が含まれま
す。第1は，保育所，幼稚園，認定こども園など，拠点型の固有の福祉
サービスを継続的に利用している保護者に対する支援，第2は，特定の
拠点を継続的には利用していない保護者に対する支援です。

　本著では，前者を，日常的に拠点型のサービスを利用しているものに

対する支援という意味で「利用者支援^{注1)}」と呼びます。また，後者を，日常的には拠点型のサービスを利用せず，家庭で養育している保護者に対する支援という意味で「地域子育て支援」と呼びます。地域子育て支援の「地域」には，家庭あるいは家族だけで養育するのではなく，地域のなかで，地域住民なども関わりながら，共に育ち合うという意味合いが込められています。

地域子育て支援は，虐待の重度化，深刻化の予防などのような保護的な予防機能ではなく，発生予防や早期発見・早期対応などの予防機能が期待されます^{注2)}。

（2）地域子育て支援の必要性

地域子育て支援が求められている理由は，大きく3つ考えられます。

第1は，保護者の負担感が高まっていることです。たとえば，子育てを保護者だけでおこなうことのストレスや不安，あるいは，子どもの仲間づくりを含めた，保護者自身の子育て仲間の不足，子育ての知恵や経験の蓄積不足などです。

第2は，家庭を支えていた地域の子育て力の低下です。地域は，子どもの第2の社会化の場といわれることがあります。地域は家族自体を育

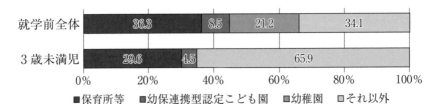

注：数値は，2016年年度または2017年4月の状況をもとに算出（施設によって，月は異なる）。「保育所等」には，保育所型認定こども園，地方裁量型認定こども園，小規模保育事業を含む。「幼稚園」には，幼稚園型認定こども園，特別支援学校幼稚部を含む。
出典：厚生労働省（2018），保育所等関連状況取りまとめ（平成31年4月1日）

図13-1　就学前の子どもの居場所

みつつ，子どもの社会化に関わってきました。一方，「地域社会の崩壊」あるいは「地域社会の再生」という言葉があるように，機能的意味・お付き合いという意味の地域・コミュニティの危うさが指摘されています。地域子育て支援には，その代替的機能も求められています。

　第3は，保育所にも幼稚園にも所属していない子どもの多さ，そのことを社会が意識してこなかったということです。就学前の子どものうち，保育所や幼稚園を利用しているものは6割台半ばにすぎません（**図13-1**）。「それ以外」には，認可外の施設や障がい児福祉施設などもありますが，そのほとんどが「家庭」と考えられます。3歳未満の子どもに限定すると，6割台半ばがこれに該当します。地域子育て支援は，この層への対応を意味しています。

（3）地域子育て支援の意義

　少子化対策としての子育て支援ではなく，親子の育ちを支えるという意味での地域子育て支援の意義は，大きく三点あります。

　第1は，現に家族が抱えている問題に現実的に対処することで，問題の軽減や緩和を図ることができるということです。社会福祉の援助原理のひとつは，「今，目の前にある問題」に現実的に対処することです。地域子育て支援においてもこのことが求められます。

　第2は，親子がひとり立ちしていく過程で遭遇する，さまざまな問題への対処能力を身につけていくことができるということです。子育て家庭への支援は永遠に継続できるわけではありません。あくまでも，親子がひとり立ちしていくための力を身につけていく過程に関わるということです。

　第3は，家族と地域や社会資源を結びつけることによって，地域の一員としての家族を再認識させ，地域づくりそのものに貢献できるという

184

ことです。ソーシャルワークの援助技術のひとつであるコミュニティワークの視点がここでは必要となります。

2. 代表的な地域子育て支援施策

（1）保育所・幼稚園・認定こども園

　保育所，幼稚園，認定こども園は，拠点型の利用者支援施設ですが，拠点という特性をいかして，地域子育て支援にも取り組んでいます。それぞれの施設設置の根拠となる法律にも，各拠点と子育て支援との関係が規定されています（**表13-1**）。地域子育て支援についての規定の性格は，保育所は努力義務，幼稚園は主体的努力，認定こども園は義務と，少しずつ異なってはいます。ただし，予算措置は，主任保育士，主幹教諭，主幹保育教諭について，専任加算として同等におこなわれています。

　また，保育士については，「この法律で，保育士とは（中略），保育士の名称を用いて，専門的知識及び技術をもって，児童の保育及び児童の

表13-1　保育所・幼稚園・認定こども園における地域子育て支援規定

保育所	保育所は（中略），乳児，幼児等の保育に関する相談に応じ，及び助言を行うよう努めなければならない。（児童福祉法第48条の3）
幼稚園	幼稚園においては（中略），幼児期の教育に関する各般の問題につき，保護者及び地域住民その他の関係者からの相談に応じ，必要な情報の提供及び助言を行うなど，家庭及び地域における幼児期の教育の支援に努めるものとする。（学校教育法第24条）
幼保連携型認定こども園	子育て支援事業のうち，当該施設の所在する地域における教育及び保育に対する需要に照らし当該地域において実施することが必要と認められるものを，保護者の要請に応じ適切に提供し得る体制の下で行うこと。（認定こども園法第3条第2項第3号）

出典：児童福祉法，学校教育法，認定こども園法

保護者に対する保育に関する指導を行うことを業とする者をいう」（児童福祉法第18条の4）と，「保護者に対する指導注3)」が業務として位置づけられています。幼稚園教諭や保育教諭については業務としては位置づけられていませんが，保育教諭は保育士の資格を持つことが原則とされており，養成課程においては，結果として，子育て支援について学習することになります。

（2）地域子ども・子育て支援事業

　第12章で，子ども・子育て支援法に基づく施設および事業の体系を示しています（**図12-3**）。地域子ども・子育て支援事業の予算措置は，ここに位置づけられるもので，具体的には13の事業で成り立っています（**表13-2**）。

　表に示す13事業のこのうち，本著でいう地域子育て支援として位置づけられるのは，利用者支援事業，子育て短期支援事業，乳児家庭全戸

表13-2　地域子ども・子育て支援事業

1．利用者支援事業
2．延長保育事業
3．実費徴収に係る補足給付を行う事業
4．多様な主体が本制度に参入することを促進するための事業
5．放課後児童健全育成事業
6．子育て短期支援事業
7．乳児家庭全戸訪問事業
8．養育支援訪問事業・要保護児童等に対する支援に資する事業
9．地域子育て支援拠点事業
10．一時預かり事業（一般型，幼稚園型）
11．病児保育事業
12．子育て援助活動支援事業（ファミリー・サポート・センター事業）
13．妊婦健康診査

出典：子ども・子育て支援法

訪問事業，養育支援訪問事業・要保護児童等に対する支援に資する事業，地域子育て支援拠点事業，一時預かり事業，子育て援助活動支援事業（ファミリー・サポート・センター事業）です。このうち，子育て短期支援事業，乳児家庭全戸訪問事業，養育支援訪問事業・要保護児童等に対する支援に資する事業については，第9章の社会的養護施策に関連するものとして紹介していますので，本章では残る4事業について簡単に紹介します。

①利用者支援事業

子ども・子育て支援法では，市町村の責務のひとつとして，「子ども及びその保護者が，確実に子ども・子育て支援給付を受け，及び地域子ども・子育て支援事業その他の子ども・子育て支援を円滑に利用するために必要な援助を行うとともに，関係機関との連絡調整その他の便宜の提供を行うこと」（第3条第1項第2号）と規定しています。利用者支援事業は，これを実体化するものです。

事業内容は，①利用者支援（相談，情報の収集・提供，助言・利用支援，相談などの記録），②地域連携（関係機関などとの連絡・調整，連携・協働の体制づくり，地域の子育て資源の育成，地域課題の発見・共有，社会資源の開発など），③広報，の大きく3つです。実施する事業の内容により，基本型，特定型，母子保健型の3類型があります。母子保健型は，妊娠期から子育て期にわたるまでのさまざまなニーズに対して総合的に相談支援を提供するワンストップ拠点（子育て世代包括支援センター）をめざすもので，子ども虐待への対応も期待されています。

②地域子育て支援拠点事業

地域子育て支援拠点事業は，地域子育て支援センター事業とつどいの広場事業を再編成し，2007年から再出発した事業です。この事業は，「家庭や地域における子育て機能の低下や子育て中の親の孤独感や不安感の

増大等に対応するため，地域において子育て親子の交流等を促進する子育て支援拠点を設置することで，地域の子育て支援機能の充実を図り，子育ての不安感等を緩和し，子どもの健やかな育ちを支援する」ことを目的としています。児童福祉法上の事業であり，子ども・子育て支援法においては，地域子ども・子育て支援事業に位置づけられています。

この事業は，常設の場所を設置して，①子育て親子の交流の場の提供と交流の促進，②子育て等に関する相談，援助の実施，③地域の子育て関連情報の提供，④子育て及び子育て支援に関する講習等の実施，の4事業を共通基本事業として実施するものです。

また，予算上は，開所日数や事業の内容によって，一般型と連携型の2類型があります。事業従事者については，子育て支援員専門研修（地域子育て支援コース）を受講していることが望ましいとされています。

③一時預かり事業

一時預かり事業には，一般型と幼稚園型があります。

一般型は，保護者の通院，冠婚葬祭への列席，家族の介護や病院への付き添い，育児疲れ解消やリフレッシュなどで，日中一時的に保護者による養育が困難になった際に，保育所，認定こども園，地域子育て支援拠点などで保育をおこなうものです。一時保育と呼ばれることもあります。

幼稚園型は，第12章で示したように，地域子育て支援という性格よりも，幼稚園利用者に対する利用者支援の意味合いが強いといえます。

④子育て援助活動支援事業

子育て援助活動支援事業は，ファミリー・サポート・センター事業と呼ばれることが多いようです。

利用理由は，登降園時の保育施設までの送迎，保育施設の開始前や終了後の保育，学校の放課後，保護者の病気や急用，冠婚葬祭やきょうだ

いの学校行事，病児・病後児保育，早朝・夜間などの緊急時，などです。登降園時の保育施設までの送迎，保育施設の開始前や終了後の保育は，地域子育て支援というよりも利用者支援の意味合いが強いといえます。

（3）その他の事業等
　地域子育て支援は，子ども・子育て支援制度に基づいて展開されるものばかりではありません。子育てサークルなど保護者自らの主体的活動，子育て支援サークルなど住民主体の福祉活動，さらには社会福祉協議会や（主任）児童委員・民生委員など，多様な供給主体によって創意工夫しながら展開すべきものも多くあります。

3. 地域子育て支援の考え方

（1）地域子育て支援の歩み
　地域子育て支援は，在宅子育て層に届く公的施策が少なかったこともあって，1980年代の半ば頃，子育てサークルなどの保護者自身の相互支援活動として芽生えたものです。当時は，子ども家庭福祉分野以上に，女性の社会参加や社会活動の促進など，社会教育分野での活動も多くありました。このような活動は，保護者自身あるいは保護者同士が地域社会に目を向ける契機となり，「支援される側」から「支援する側」へと，エンパワメントされていくことにもつながっていきました。
　公的施策としての萌芽は，1980年代の後半，園庭開放などの取り組みが始まったことなどにみられます。当時は保育所利用者が減少していた時期でもあり，一部の保育所には空間的にゆとりがあったことともつながっています。このような状況と，保護者主体の子育てサークル活動などが重なり，地域子育て支援センター（1997）の取り組みにつながります。1997年の児童福祉法改正では，保育所に子育て支援の努力義務

　規定が設けられることにもなりました。この頃になると，地域子育て支援は社会教育分野における住民の主体的取り組みから，社会福祉分野における親子の支援活動へと軸足を徐々に変化させていきます。

　一方，保育所は利用者が再度増加し，都市部では活動の広がりに限界が出てきます。これを埋めていくのが，つどいのひろば事業（2002）です。この担い手には，NPO法人など，市民主体型の運営主体が期待されていました。

　さらに，両者が地域子育て支援拠点事業として再編（2007）されるとともに，児童館を活用した取り組みも新たに始まり，今日へとつながっていきます。遅れていた幼稚園による取り組みも徐々に活性化し，2007年には，学校教育法改正により，幼稚園にも，子育て支援が主体的努力事項として位置づけられました。

（2）地域子育て支援のターゲット

　地域子育て支援のターゲットは，大きく4つあります。

　第1は，子ども自身の成長・発達の支援，すなわち子育ちの支援です。子ども自身は本来自ら育つ存在であり，発達にともなって主体的意思をより明確に有する存在です。子どもの権利条約は，子ども自身が権利の主体であることを明らかにし，児童福祉法にもこのことが明記されました。「子育ちの支援」とは，固有の人格を有する主体としての育ちの支援ということもできます。

　第2は，親になるため，あるいは一人の社会人としての生活の支援，すなわち親育ちの支援です。ここでは，親の就労など「保育の必要がある」と制度的に認定されているもののみならず，一時保育，育児リフレッシュなど，心身ともに親の生活を豊かにするサービス，あるいは経験を共有し合う仲間づくりが課題となります。ここでは，子育ての主体

としての親，家族の構成員としての役割，主体としての社会的存在という3つの視点を視野に入れた関わりが必要です。

第3は，親子関係の支援，あるいは相互に育ち・育てるという，育ち合いの支援です。親子の信頼および愛着関係の基礎形成が不安定ななかで，親としての成熟度はますます低下し，「親になりきれていない親」が，より多く出現することになります。虐待や放任という例外的と考えられていた状況が，一般の親のすぐそばにまで忍び寄っているということであり，子育てをする親を「育てる」という視点が必要となります。

第4は，これらの3つが存在する家庭および地域社会，すなわち育む環境の育成です。子どもの育ちにおいては，第一次社会化の場としての家庭，第二次社会化の場としての地域社会，第三次社会化の場としての専門資源（保育所，幼稚園，学校など）が重要であるといわれます。育む環境の育成とは，そのような社会化の場を形成・育成し，適切な関係を構築することを意味します。

4. 地域子育て支援活動に取り組むにあたっての留意点

地域子育て支援活動に取り組むにあたっては，少なくとも以下の五点に留意することが求められます。

（1）親と子の主体性を支援する

子育て支援は，支援者のために存在するのではありません。主役は，あくまでも親と子どもであり，それぞれの主体的に生きる力を支援するものです。そのためには，指導や教育という視点ではなく，育ちを見守るあるいは促すという視点が必要となります。親子の育ちや置かれている状況を適切に判断し，それぞれに応じた側面的な支援に努めることが重要です。

（2）取り組みを柔軟に修正する

　問題や環境は常に変化します。また，初期のニーズ把握が不十分なままに取り組みを始めざるをえないこともあります。さらには，目標設定が適切でなかったり，具体的な取り組みがうまく展開できなかったりしたことにより，有効な支援にならないということも考えられます。そのような場合には，柔軟に取り組みを修正したり，必要な段階へと戻ったりすることも必要です注4)。

（3）当事者・関係者の参加促進

　地域子育て支援は，支援者と被支援者という，分断した関係で進めるものではありません。お互いに協力して行っていくものであり，プロセスが重要となります。そのためには，それぞれの段階において，親子の積極的参加・参画を図っていく必要があります。また，関係する社会資源の動員・協働も重要です。

（4）チームによる取り組みの推進

　取り組みを進めるにあたっては，担当者が単独で行動するのではなく，活動団体内での事業の位置づけを確認し，各職員がどのような役割や機能を果たすのかを明らかにしていく必要があります。少なくとも所属団体内で，チームとして取り組んでいるという姿勢を明らかにすることと，そのためのシステムづくりが必要です。複数機関と協働して進める際は，相互の意思確認やプロセスの進行管理に関わるシステムが求められます。

（5）スーパーバイズの必要性

　取り組みの経過において迷いが生じたり，あるいは問題に気がつかな

いまま進行してしまったりしていることもあります。そのような際に有効なのが，チーム会議であり，内部あるいは外部機関（個人を含む）によるスーパーバイズです。スーパーバイズは，活動に関して専門的知識と経験を有するものが，最前線で取り組んでいる人やチームに対して，支持的機能（喜びや辛さを受け止める機能），教育的機能（活動者としての質を高める機能），管理的機能（取り組みが適切に進行しているかを確認する機能）を遂行することをいいます。

〉〉注

1）利用者支援については，主として第12章で学習します。

2）予防の考え方については，第9章を参考にしてください。

3）保護者指導，保育指導，保護者支援などと呼ばれることがあります。

4）活動や支援の進め方の基本については，第6章を参考にしてください。

①当事者が支え合うことの意義について考えてみてください。

②地域の親子に対して，あなたができることが何かありますか。具体的に
　　考えてみましょう。

参考文献

● 坂本純子（2019），二十歳になった子育てネットワーク―子育て支援を前進させた NPO の軌跡，幻冬舎

【概　要】著者は，20 年ほど前に，NPO 法人新座子育てネットワークを立ち上げました。本著は，新座子育てネットワークの単なる歩みの書ではなく，地域子育て支援とは何かを，関係した専門家とのインタビューなどを交えながら，わかりやすく解説したものです。

● 武田信子（2018），保育者のための子育て支援ガイドブック：専門性を活かした保護者へのサポート，中央法規出版

【概　要】研究者として長く子育て支援の現場に関わってきた著者が，保育者向けに子育て支援の進め方をまとめた著書。マニュアル的な要素もあり，基本的な考え方だけでなく，保護者への対応など，具体的な進め方についても考えることができます。

● 小原敏郎・三浦主博編（2019），保育実践に求められる子育て支援，ミネルヴァ書房

【概　要】保育士養成のテキストとして書かれたものであり，利用者支援を含め子育て支援全体についてわかりやすく記述されています。理論編，演習編，事例編の 3 部構成となっている，研修や事例検討のテキストとしても活用できる好著です。

14 │ 世界の動きにみる子どもの人権保障

《**本章の目標＆ポイント**》 本章では，国連における子どもの人権擁護の取り組みとして，SDGs と，国連子どもの権利委員会，世界の国々の例として，日本の施策や実践に影響を与えた，ドイツ，イギリス，カナダ，フィンランド，ニュージーランドの取り組みについて学習します。
《**キーワード**》 SDGs，国連子どもの権利委員会，アドボカシー，ベビークラッペ，ネウボラ

1. SDGs と子どもの人権

（1）SDGs とは何か

　SDGs は，"Sustainable Development Goals" の頭文字と Goals の "s" とを合わせたもので，「持続可能な開発目標」と訳されます。国連では，2000 年にミレニアム開発目標（Millennium Development Goals：MDGs）を発表し，2001 年から 2015 年の 15 年間を目標期間とする，世界規模の開発目標を定めていました。

　SDGs は，MDGs の目標期間が終了したことを受け，2016 年から 2030 年の 15 年間の，世界が取り組むべき目標を新たに定めたものです。その目標は，MDGs が積み残した課題に加え，現在世界が抱えている，人口爆発，食糧不足，環境破壊，地域紛争などの危機を乗り越え，持続可能な社会・地球を維持していくことにあります。

　SDGs に関連する子どもの状況をみると，2018 年に，世界中でなくなった 15 歳未満の子どもは約 620 万人となっています。このうち，約

530万人は5歳未満の子どもで，これは，年間出生数の半分近いとされています。これは，子どもの栄養不良や劣悪な保健衛生環境などと関係しています。また，初等教育就学率は90％程度で，アフリカ諸国や後発開発途上国の平均値では，これが80％台前半に留まっています注1)。これらの指標に限らず，日本ではあまり問題とならない子どもの人権問題が，世界にはまだ多く存在しているということです。

（2）SDGs の基本的考え方

①開発のキーワード（5つの P）

SDGs では，持続可能な開発のための基本として「5つの P」を掲げています。5つの P とは，人間（People），地球（Planet），繁栄（Prosperity），平和（Peace），連帯（Partnership）を指します。

人間とは，すべての人の人権が尊重されること，そして平等に潜在能力を発揮できる社会を目指すこととされています。後段で示す 17 の目標のなかには，貧困や飢餓の終息，ジェンダー平等など，人権に関わる内容が含まれています。

②実施原則

目標達成するための実施原則も 5つ掲げられています。5つは，①普遍性，②包摂性，③参画型，④統合性，⑤透明性と説明責任で，内容は**表 14-1** に示すとおりです。

開発のキーワードおよび実施原則において，特に重視されているテーマは，人権の尊重とジェンダー平等です。子ども，若者，高齢者，障がい者，女性，難民など，人権が侵害されがちな人びとすべてを視野にいれ，「誰一人取り残さない（leave no one behind）」社会を目指すことを謳っています。

（3）SDGs の目標

　SDGS では，17 の目標と 169 のターゲットを掲げています。**表 14-2** には，17 の目標とそれぞれに含まれるターゲットの数を示しています。これらの目標のうち，直接的に人権に関わるのは，目標 1～5，目標 10・11，目標 16 などです。

　169 のターゲットのなかで，「子ども」「若年母子」「妊産婦」という言葉が出てくるものを抜き出したのが，**表 14-3** の 14 ターゲットです[注2)]。

表 14-1　SDGs の実施原則

普遍性：先進国を含め，すべての国が行動する
包摂性：人間の安全保障の理念を反映し「誰一人取り残さない」
参画型：すべてのステークホルダー（政府，企業，NGO，有識者等）が役割を
統合性：社会・経済・環境は統合的には不可分であり，統合的に取り組む
透明性と説明責任：モニタリング目標を定め，定期的にフォローアップ

出典：外務省 HP，持続可能な開発のための 2030 アジェンダ

表 14-2　SDGs-17 の目標

目標 1：貧困をなくそう（7 ターゲット）
目標 2：飢餓をゼロに（8 ターゲット）
目標 3：すべての人に健康と福祉を（13 ターゲット）
目標 4：質の高い教育をみんなに（10 ターゲット）
目標 5：ジェンダー平等を実現しよう（9 ターゲット）
目標 6：安全な水とトイレを世界中に（8 ターゲット）
目標 7：エネルギーをみんなにそしてクリーンに（5 ターゲット）
目標 8：働きがいも経済成長も（12 ターゲット）
目標 9：産業と技術革新の基盤をつくろう（8 ターゲット）
目標 10：人や国の不平等をなくそう（10 ターゲット）
目標 11：住み続けられるまちづくりを（10 ターゲット）
目標 12：つくる責任・つかう責任（11 ターゲット）
目標 13：気候変動に具体的な対策を（5 ターゲット）
目標 14：海の豊かさを守ろう（10 ターゲット）
目標 15：陸の豊かさを守ろう（12 ターゲット）
目標 16：平和と公正をすべての人に（12 ターゲット）
目標 17：パートナーシップで目標を達成しよう（19 ターゲット）

出典：外務省 HP，持続可能な開発のための 2030 アジェンダ

198

表 14-3　子ども，母子，妊産婦をターゲットにした目標

目標 1	1.2	2030 年までに，各国定義によるあらゆる次元の貧困状態にある，すべての年齢の男性，女性，子どもの割合を半減させる。
目標 2	2.1	2030 年までに，飢餓を撲滅し，すべての人々，特に貧困層及び幼児を含む脆弱な立場にある人々が一年中安全かつ栄養のある食料を十分得られるようにする。
	2.2	5 歳未満の子どもの発育阻害や消耗性疾患について国際的に合意されたターゲットを 2025 年までに達成するなど，2030 年までにあらゆる形態の栄養不良を解消し，若年女子，妊婦・授乳婦及び高齢者の栄養ニーズへの対処を行う。
目標 3	3.1	2030 年までに，世界の妊産婦の死亡率を出生 10 万人当たり 70 人未満に削減する。
	3.2	すべての国が新生児死亡率を少なくとも出生 1,000 件中 12 件以下まで減らし，5 歳以下死亡率を少なくとも出生 1,000 件中 25 件以下まで減らすことを目指し，2030 年までに，新生児及び 5 歳未満児の予防可能な死亡を根絶する。
目標 4	4.1	2030 年までに，すべての子どもが男女の区別なく，適切かつ効果的な学習成果をもたらす，無償かつ公正で質の高い初等教育及び中等教育を修了できるようにする。
	4.2	2030 年までに，すべての子どもが男女の区別なく，質の高い乳幼児の発達支援，ケア及び就学前教育にアクセスすることにより，初等教育を受ける準備が整うようにする。
	4.5	2030 年までに，教育におけるジェンダー格差を無くし，障害者，先住民及び脆弱な立場にある子どもなど，脆弱層があらゆるレベルの教育や職業訓練に平等にアクセスできるようにする。
目標 5	5.1	あらゆる場所におけるすべての女性及び女児に対するあらゆる形態の差別を撤廃する。
	5.2	人身売買や性的，その他の種類の搾取など，すべての女性及び女児に対する，公共・私的空間におけるあらゆる形態の暴力を排除する。
	5.3	未成年者の結婚，早期結婚，強制結婚及び女性器切除など，あらゆる有害な慣行を撤廃する。
目標 11	11.7	2030 年までに，女性，子ども，高齢者及び障害者を含め，人々に安全で包摂的かつ利用が容易な緑地や公共スペースへの普遍的アクセスを提供する。
目標 16	16.2	子どもに対する虐待，搾取，取引及びあらゆる形態の暴力及び拷問を撲滅する。
	16.9	2030 年までに，すべての人々に出生登録を含む法的な身分証明を提供する。

出典：外務省 HP，持続可能な開発のための 2030 アジェンダ（仮訳），
https://www.mofa.go.jp/mofaj/files/000101402.pdf

なかには，目標3に関連するものなど，日本ではすでに達成されていると考えられる内容も含まれていますが，国際的にみた場合，これらが課題となっているということです。

2. 国連子どもの権利委員会

　子どもの権利条約第43条第1項には，「この条約において負う義務の履行の達成に関する締約国による進捗の状況を審査するため，児童の権利に関する委員会を設置する」という規定があります。国連子どもの権利委員会は，この規定に基づいて設置された機関です。当初は10人の委員で構成されていましたが，現在は18人となっています（任期4年，再任可）。2016年の改正で，日本からは，大谷美紀子（弁護士）委員が選出されています。

　子どもの権利条約締約国は，「(a) 当該締約国についてこの条約が効力を生ずるとき注3)から2年以内に，(b) その後は5年ごとに，この条約において認められる権利の実現のためにとった措置及びこれらの権利の享受についてもたらされた進歩に関する報告を国際連合事務総長を通じて委員会に提出することを約束する」（条約第44条第1項），という規定に基づき，定期的に国内状況の報告をし，委員会からコメント（勧告）を受けることになっています。

　国連子どもの権利委員会は，締約国の子どもの権利に関して，個別のコメントをすることで，それぞれの国がよりよい状況に展開していくことを支援しています。

3. 世界の国々における代表的な取り組み

　世界の国々でも，さまざまな取り組みがおこなわれています。ここでは，そのなかから，ドイツ，カナダ，イギリス，フィンランド，ニュー

ジーランドの5か国の取り組みを簡単に紹介します。

（1）ドイツの内密出産制度

①「こうのとりのゆりかご」と「ベビークラッペ」

2007年5月，熊本市にある慈恵病院は，「虐待で失われる命を少しでも減らしたい」との思いから，「こうのとりのゆりかご注4)」という匿名注5)で赤ちゃんを預かる仕組みを作りました。このモデルとなったのが，ドイツの民間システムであるベビークラッペです。

ドイツでは，2000年にベビークラッペの第1号が設置されましたが，その直後から，その存在の適切性についての議論が起こっていました。国レベルでも，このことが審議され，2009年，ドイツ倫理審議会は，「匿名の預かり制度が子どもの権利の一部に抵触していること，ベビークラッペがなければ，子どもが死亡していたのかどうかは不明である」などの見解を示しました。

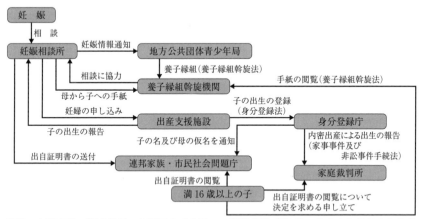

出典：山縣文治・阪本恭子・トビアスバウアー・床谷文雄（2019），こうのとりのゆりかごと子どもの権利—内密出産制度への展開の可能性，子どもの虐待とネグレクト21-2，215

図14-1　内密出産制度の流れ

②ベビークラッペから内密出産制度へ

　ドイツも子どもの権利条約に批准している国で，国連子どもの権利委員会から定期的にモニターを受けています。その第 1 回目の総括所見に，「締約国が条約に付した解釈宣言が幅広いものであることを遺憾に思う」（国連子どもの権利委員会 1995：第 13 パラグラフ）との指摘がありました。「幅広く解釈しすぎている」という指摘のひとつに，ベビークラッペの存在が含まれていたこと，さらに前項で示した倫理審議会の見解なども踏まえ，2013 年，妊婦支援の拡大と内密出産の規定のための法律（通称，内密出産法）が制定されました。

　これによって，出自を知る権利，子どもが安全に生まれる環境，母親が安心して産める環境，さらには，子どもが大人との安定した関係のなかで育つ環境が整備されたことになります（**図 14-1**）。

③内密出産制度の特徴

　内密出産制度の特徴は，以下の四点です。

　第 1 は，相談を前提とした利用ということです。州は妊娠相談所を設置し，おおむね人口 4 万人に対して 1 名の専任相談員か複数の非常勤相談員を配置します。内密出産は，この窓口を通じて開始されることになります。妊娠相談所は民間でも開設可能です。

　第 2 は，安全・安心な出産の支援策が準備されていることです。分娩にかかる費用は行政が負担し，母親の経済的負担はありません。

　第 3 は，出自および国籍の確保がされていることです。内密出産を決断した母親は，自分には仮名，子どもには男女別の名前をつけます。妊娠相談所は，母親の身分を確認したうえで，子どもの出自証明書を作成します。これを封印し，連邦家族・市民社会問題庁が保管することになります。これによって身分登録がおこなわれます。また，子どもには後見人がつき，母親が希望する場合には，子どもへのメッセージを書き残

し，養子縁組斡旋機関に送付されます。

　第4は，出自を知る権利の行使が確保されていることです。子どもは16歳になると出自証明書の閲覧を連邦家族・市民社会問題庁に請求できます。母親は自分の身分を明らかにしたくない場合，子どもが15歳になったとき，妊娠相談所にその旨を意思表示し，相談所はそれを連邦家族・市民社会問題庁にあらかじめ報告しておきます。母親の意思に基づき，閲覧が認められなかった場合，子どもは開示請求を家庭裁判所に申し立てることができます。裁判所が出自証明書の閲覧を認めなかった場合でも，子どもは3年後に再度申請できます。

（2）イギリスの子ども人権擁護機関
①子どもの権利条約と国内人権機関

　子どもの権利条約第4条に，「締約国は，この条約において認められる権利の実現のため，すべての適当な立法措置，行政措置その他の措置を講ずる。締約国は，経済的，社会的及び文化的権利に関しては，自国における利用可能な手段の最大限の範囲内で，また，必要な場合には国際協力の枠内で，これらの措置を講ずる」という規定があります。国連子どもの権利委員会は，これを実現するには，行政とは独立した，人権擁護機関（National Human Rights Institutions）のようなものの設置が考えられるとしています。

　これにしたがって，世界の1/3くらいの国には，人権擁護機関やオンブズパーソン制度が作られています。イギリスもそのなかのひとつです。

②子どもの人権擁護制度

　イギリスでは，1970年代後半から，社会的養護のもとで暮らしている子どもや，それを経て大人になった人たちの当事者運動が盛んになっていました。さらに，子どもの声の尊重を謳う子どもの権利条約が成立

し，イギリスは，1991 年に批准します。

　このような状況を背景に，国では，1998 年から 5 年間，子どものケアの質向上を目指したクオリティ・プロテクツ（Quality Protects）に取り組みました。この取り組みは，ケアの意思決定過程に，当該の子ども自身が関与することの重要性を強調したもので，国は子どもの，アドボカシーサービス（advocacy service）に対しての予算も確保します。これによって，多くの民間子ども人権擁護機関が活動することになります。

　クオリティ・プロテクツの取り組みが終了したのち，2004 年の子ども法改正により，子どもコミッショナー制度が創設され，さらに，2014年の子どもと家族法によりその役割が強化されます。

　イギリス（United Kingdom of Great Britain and Northern Ireland：UK）は，日本と異なり，イギリス内にさらに，イングランド，ウェールズ，スコットランド，北アイルランドという 4 つの「国」が存在し，それぞれ議会があり固有の制度を設けています。**図 14-2** は，このうちイングランドとウェールズの状況を整理したものです。

　この仕組みの特徴は，以下の三点にあります。

　第 1 は，国，地方自治体，民間団体が複層的に参加し，かつそれぞれの役割が明確にされているということです。地域レベル，自治体レベル，国レベルという 3 層が，子どもの人権擁護という縦軸でネットワーク化されているということができます。

　第 2 は，子どもの個別アドボカシーが制度化されているという点です。個別アドボカシーは，国連子どもの権利委員会も評価している取り組みです。第 5 回の総括所見（2016）では，「締約国の 4 つの権限委譲行政地域に設置されている子どもコミッショナーの独立性が高められたこと，および，子どもの権利の促進および保護を確保するために多くの

204

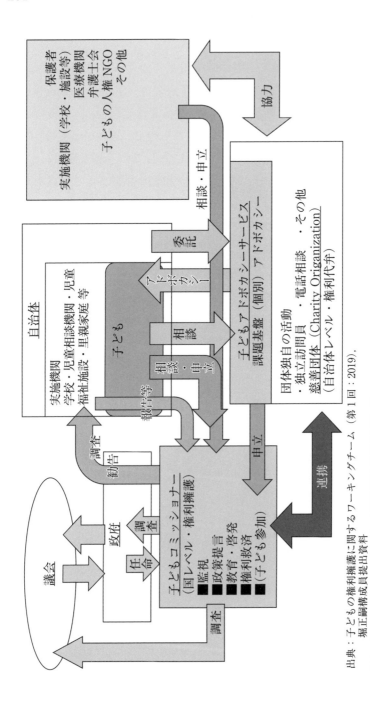

図14-2 イングランド・ウェールズにおける子どもの人権擁護制度の全体像

出典：子どもの権利擁護に関するワーキングチーム（第1回：2019）、
堀正嗣構成員提出資料
https://www.mhlw.go.jp/content/11907000/000579039.pdf

取り組みがおこなわれていることを歓迎する」注6）（第 15 パラグラフ）とのコメントがあります。

　第 3 は，社会的養護分野に起源をもつ制度ですが，すべての子どもたちに開放されていることです。とりわけ，学校がこの仕組みのなかに組み込まれている点は評価できます。

（3）カナダの当事者活動
①当事者活動の意義
　セルフヘルプ・グループ（self-help group），あるいはピアグループ（peer group）という取り組みがあります。前者は社会福祉領域で，後者は心理領域で比較的多く使われる言葉です。共通しているのは，同じような問題あるいは状況にある人が小集団を形成し，対等な立場で状況に向き合うことで，問題を解決したり，支え合ったりし続けるということです。このような活動に参加することで，本人の内面の力や環境の力を活用しながら生きる力を高めていくことが期待されています。

　エンパワメント，ストレングス，レジリエンスなどの手法は，このような取り組みと大きく関連しています。
②当事者活動
　カナダは 1996 年に子どもの権利条約に批准し，これに合わせ，社会的養護施策に関連する法律である，子ども家庭法（Child and Family Services Act）が改正されました。この法律では，4 つの P が強調されました。すなわち，子どもを，保護（protection）の対象とするだけでなく，予防（prevention）の対象とすること，子ども家庭福祉施策の議論やプログラム策定に可能な限り子ども自身の参加（participation）を図ること，普及・啓発（promotion）を促進することです。

　オンタリオ州では，このような流れのなかで，パーク（Pape

Adolescent Resource Centre：PARC)[注7] という当事者団体の活動が始まります。Pape は地名で，ペイプにある青少年支援センターという意味になります。パークは社会的養護のもとで現に生活している，あるいはそこで育った青少年を支援するための機関です。サービス目標は，自立の準備や，自立した生活のサポートをすることで，内容は職業，住居，教育，保健，性，メンタルヘルスなど，個人の生活全般に関わります。また元利用者同士のエンパワメントを図るグループ活動，人間関係を学ぶリレーション・グループ活動，芸術活動グループ，同性同士で相談するメンズ・グループなど，グループプログラムも多くあります。

（4）フィンランドの母子支援拠点

①母子支援拠点の意義

2016 年の母子保健法改正で，母子健康センターから名称変更となった，母子保健法の母子健康包括支援センター（通称，子育て世代包括支援センター）は，フィンランドのネウボラをモデルにしたものといわれることがあります。

ネウボラは，子育て世代の支援を行うワンストップ拠点であり，専門職等が必要なサービスをコーディネートし，切れ目のない支援を実施する拠点で，子育ての知識・技術の講習，子育て不安への対応，子ども虐待の予防などの意義があります。

②ネウボラ

ネウボラ（neuvola）は，フィンランド語で，助言やアドバイス（neuvo）の場（la）という意味です。ネウボラの歴史は古く，1920 年代に，民間活動として始まったといわれています。国制度となったのは，1944 年で，実施主体は市町村，利用は無料です。

妊娠期から就学前にかけての子どもと家庭を対象とする支援制度であ

り，「かかりつけネウボラ保健師」を中心とする産前・産後・子育ての切れ目ない支援のための地域拠点（ワンストップ）となっています。

　ネウボラの特徴は，①普遍性の原則，②動機づけの工夫・社会からの祝福（母親手当等），③利用者中心の切れ目ない子育て支援，④リスクの早期発見・早期支援，⑤ネウボラ保健師（専門職）と後方支援チーム・他職種連携，⑥手厚い産後ケア，⑦母子支援から子育て家庭全体をつつむ支援，⑧全国共通の指針の開発，などにあります注8)。

（5）ニュージーランドのファミリー・グループ・カンファレンス
①原住民や少数民族への支援の意義

　ニュージーランドの子どもの人権に関わる基本法は，子ども・青少年およびその家族に関する法律（Children, Young Persons and Their Families Act：1989）を改定して成立した，オランガ・タマリキ法（Oranga Tamariki Act：2017）注9)です。

　この法律が制定された背景には，白人とマオリの不平等への懸念がありました。当時から社会的養護を受ける子どもの割合は，マオリの子どもに高く，施設や家族外でのケアを受けている子どもが多かったのです。それへの対応策として開発されたのが，ファミリー・グループ・カンファレンス（FGC）です。

　日本では，少数民族や先住民施策がほとんどありませんが，ニュージーランドやオーストラリアなどでは，このような施策が積極的に進められています。

②ファミリー・グループ・カンファレンス（FGC）

　FGCは，オランガ・タマリキ法に規定されており，対象となる子どもの文化的背景を重視した取り組みです。伝統的にマオリでは家族に問題が発生した場合に，拡大家族注10) が集まって話し合い，解決する方

法がとられていました。FGCでは，拡大家族というインフォーマル・サポート・ネットワークの力を信じ，問題を抱える家族，専門職，拡大家族が合同で会議をおこない，子どもが安心して安全な環境で生活できる方法を検討します。

　FGCのプロセスは，①情報提供と情報共有，②私的討議，③合意の流れで行われます。全体の進行は，コーディネーター（多くはソーシャルワークの経験がある）がおこないますが，特徴的なのは私的討議です。ここでは，専門家は退席し，集まった拡大家族のメンバーで子どものこれからの養育について検討されます。

　FGCは，現在では，オセアニアのみならず，ヨーロッパ，北米，アジアの一部の国々の実践にも影響を与える援助枠組みとなっています。この取り組みの特徴は，私的討議に象徴されるように親や家族がストレングスを発揮できる機会が設定されていること，クライエントの文化的背景を基盤においたものであることなどです。

　FGCは，子ども家庭福祉領域の福祉実践において課題となるパターナリズムからの脱却へのひとつの方策として注目されています。

〉〉注

1）UNICEF（2018），UNICEF for every child，https://data.unicef.org/，2020 年 7 月 20 日閲覧

2）「若者」をキーワードにすると，さらに 4 項目増えます。

3）日本の場合，1994 年 5 月 22 日です。

4）新聞やテレビでは「赤ちゃんポスト」といわれることが多いのですが，安易に「捨てる」というイメージが強いこの言葉に，病院関係者は抵抗感を示しておられます。

5）病院の窓口では匿名でも可能ですが，すべての子どもは，ネグレクトによる棄児となり，児童相談所に送致されます。児童相談所では保護者を探すことが業務のひとつであり，制度的に匿名が保障されているわけではありません。

6）平野裕二訳，総括所見：イギリス，https://w.atwiki.jp/childrights/pages/277.html.

7）https://www.parcyouth.com/
この団体と，日本の当事者団体との交流は，今でも盛んです。

8）髙橋睦子（2015），ネウボラ—フィンランドの出産・子育て支援，かもがわ出版。

9）「オルガ」は福祉，「タマリキ」は子どもという意味のマオリ語です。ニュージーランドの公用語は英語，マオリ語，ニュージーランド手話の 3 つで，さまざまな場面でマオリ語の使用が推奨されています。

10）血縁関係のある複数の核家族から構成される大家族。

①あなたは，ドイツの内密出産制度をどのように評価しますか。

②ニュージーランドに，3 つの公用語があることについて，人権視点から考えてみましょう。

参考文献

● 村上芽・渡辺珠子（2019），SDGs 入門，日経新聞社

　【概　要】SDGs の入門書です。17 の目標から，その導入までがわかりやすく解説してあります。福祉に限らず，ビジネス現場での取り組み事例も多く紹介されています。

● 田邉泰美（2019），現代イギリスの児童虐待防止とソーシャルワーク—新労働党政権下の子ども社会投資・児童社会サービス改革・虐待死亡事件を検証する，明石書店

　【概　要】子ども虐待死亡事件調査報告書を取り上げ，労働党政権下の子ども家庭福祉施策を検討した研究書です。イギリスの政策形成のプロセスも学習することができます。

● 横山美江（2018），フィンランドのネウボラに学ぶ母子保健のメソッド—子育て世代包括支援センターのこれから，医歯薬出版

　【概　要】ネウボラの歴史や制度，ガイドライン，さらには事例について丁寧に紹介された本です。子育て世代包括支援センターに関わる関係者には必読だと思います。子ども虐待予防との関係についても丁寧に解説されています。

15 | 子どもの人権を保障する 社会づくりのために

《**本章の目標＆ポイント**》　これまでの各章において，子どもの人権とは何か，人権保障の歩み，分野ごとの人権保障の取り組み，特徴的な世界の取り組みなどを検討してきました。本章では，さらに今後，発展させるべき課題や，残されている課題について学習します。

《**キーワード**》　ニッポン一億総活躍プラン，「我が事・丸ごと」地域共生社会，意見表明権，体罰，新しい社会的養育ビジョン

1. 子ども・子育て世代を大切にする社会の醸成

（1）ニッポン一億総活躍プランと「我が事・丸ごと」地域共生社会

　第3章で，少子高齢社会の深刻さを示しました。日本社会の持続可能性を脅かしているのは，生産持続性の危機です。全国レベルでの少子化，地方ではこれに加え社会移動。これらが，周縁部から徐々に中央に侵食し，全国レベルでは，もはや中期的どころか，短期的ともいえる切迫状況にあります。

　このことを直接的に指摘したのが，「消滅可能性都市」というセンセーショナルな見出しで話題を集めた，日本創成会議が発表した「ストップ少子化・地方元気戦略」(2014)です。前田正子（2018）は，近著のタイトルを「無子高齢化」とし，「無子高齢化は，静かに都会の近くでも起こっている『今ここにある危機』なのだ」（25頁）と警鐘を鳴らしています。引き続き日本社会を維持していくためには，この40年弱重視

されてきた高齢社会対策のみならず，少子社会対策に本格的に舵を切る必要があるという指摘です。

　このような状況のなかで，2016年，「ニッポン一億総活躍プラン」が閣議決定されました。このプランは，現在500兆円程度である名目GDP注1)を，600兆円程度に引き上げ，それを社会保障などに分配するという構造になっています。すなわち，成長戦略と分配方針の双方の循環計画ということができます。

　このプランを実現するための具体的な取り組みが，**表15-1**に示すものです。このうち，⑤希望合計特殊出生率1.8，⑥介護離職ゼロ，⑦名目GDP600兆円の3つについては，具体的な数値が示されています。目標達成期間は，⑤および⑥は2025年度，⑦は2021年度となっています。⑧には，これらを実現するためのロードマップの作成が示されています。

（2）子ども自身を大切にした社会

　厚生労働省では，「ニッポン一億総活躍プラン」を受けて，「『我が事・丸ごと』地域共生社会実現本部」（2017）を設置しました。これは，2015年に厚生労働省が発表した「新しい時代に対応した福祉の提供ビ

表15-1　ニッポン一億総活躍プランの取り組み課題

①働き方改革
②子育ての環境整備
③介護の環境整備
④すべての子どもが希望する教育を受けられる環境の整備
⑤「希望合計特殊出生率1.8」に向けたその他の取り組み
⑥「介護離職ゼロ」に向けたその他の取り組み
⑦「戦後最大の名目GDP600兆円」に向けたその他の取り組み
⑧10年先の未来を見据えたロードマップの作成

出典：ニッポン一億総活躍プラン（2016）

ジョン」を引き継ぐものとなります。

　「我が事・丸ごと」地域共生社会実現本部の目指すものは，「地域のあらゆる住民が役割を持ち，支え合いながら，自分らしく活躍できる地域コミュニティを育成し，公的な福祉サービスと協働して助け合いながら暮らすことのできる社会（地域共生社会）」の実現です。

　本著で繰り返し指摘しているように，子どもは，独立した固有の人権の主体です。その子どもたちが，虐待，いじめ，体罰，障がい，過剰な教育熱などに翻弄され，多くの場面で生きづらさを抱えています。子どもは親の私的所有物ではありません。また，次世代を支えるために生まれてきたわけでもありません。

　ルソー．J．J は，「子どもは獣であっても成人した人間であってもならない」（146 頁），「子どもの時期を子どものうちに成熟させるがいい」（173 頁）などの子ども観を示しています。大人はこのことを受け止め，子どもが子ども期を楽しむことのできる社会を改めて構築する必要があります。

2.　誰一人取り残さないという視点

（1）子どもの取り残されやすさ

　第 14 章で示したように，SDGs の目指す社会は，「誰一人取り残さない」社会でした。子どもが取り残される状況はどうして生じるのでしょうか。

　そもそも，子どもは，自ら主張する力が弱いため，取り残されやすい存在です。保護者としての親が，積極的に代弁者（アドボケーター）の役割を果たさなければ，その声は社会には届きません。関わる大人がそれを聞き出すことが必要となります。

　また，多くは保護者である親のもとで暮らしているため，親あるいは

家庭自体が取り残されてしまうと，子どもはそれに巻き込まれてしまいまいます。さらに，親が適切な養育をしなければ，子どもだけが取り残されてしまうことにもなります。

　社会的養護のもとで生活している子どもの場合，社会そのものが積極的な関心を示さなければ，予算確保を含め施策の充実を図ることはできません。

　障がいのある子どもの場合，さらに複雑な構造となります。人生の連続性を重視し，かつ本人の声を尊重すればするほど，障がい「者」施策が中心となり，障がい「児」については取り残されがちです。さらに，障がい児の場合も，「代弁者」あるいは「保護者」としての親の意向が重視されやすく，障がいのない子どもたち同様，あるいはそれ以上に，主体としての子どもという視点は見落とされてしまいます。

（2）見落とされがちな例

　少子化および過疎化のなかで，施策が届きにくくなっている例を2つ紹介します。

　第1は，離島の例です。鹿児島県の最南端の与論島では，産婦人科がないため，出産は沖縄県の那覇市でおこなうことが多いそうです。ところが，飛行機や高速艇は妊娠9か月前後になると利用できなくなるそうです。そうすると妊婦は，1か月以上，一人で那覇に住宅を借りて暮らすことになるのです。与論町からの経済的支援が一部

写真 15-1　たくましく育つ与論の子
写真提供：よろん出産子育て応援隊あんまぁ～ず

あるそうですが，このことに問題を感じた女性が，仲間を集め[注2]，那覇市に生活拠点を借り上げ，支援しているということです。本土等の過疎地は道路でつながっていますが，橋でつながっていない離島では，出産そのものが厳しい状況となります（**写真15-1**）。

　もうひとつは，幼稚園の問題です。第12章で示したように，一部，幼保連携型認定こども園への移行があるとはいえ，ピーク時に比べ，幼稚園は施設数で2/3，利用子ども数では6割くらいにまで減少しています。市町村単位で設置数をみると，1/4には幼稚園がまったくありません。1園のみを含めると，これが半分弱になります（**図15-1**）。「保育の必要性がない」と認定された場合，保育所は制度上利用できません。子どもは仲間と群れ合いながら育つ存在であり，その機会を失うことになります。このような地域でも，保育所はほとんど存在しており，保育所の認定こども園化による対応が必要です。

　少子化，過疎化，社会移動が同時に起こる地域が，今後さらに拡大していくと考えられます。幼稚園に限らず，福祉，教育，医療など，生活全般において，子どもたちの健やかに育つ権利が侵害されてしまうとい

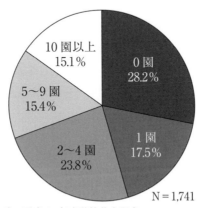

出典：文部科学省（2019），平成31年度学校基本調査

図15-1　市町村単位でみた幼稚園の設置状況

うことです。都市部中心の子ども施策の抜本的な見直しは急務の課題です。

　この他にも，ここ20年で大きな課題となっているものとして，性的指向に多様な特性を有するLGBT-Q^{注3)}，日本語を母語としない子どもの生活全般に関する支援，少年院や少年刑務所等を経て社会生活をしている若者の生活のしづらさなどが考えられます。

3. 子どもの声の尊重

（1）子どもの声を聞き，支えることの意義

　子どもの権利条約第12条では，「自己の意見を形成する能力のある児童がその児童に影響を及ぼすすべての事項について自由に自己の意見を表明する権利」（意見表明権）を規定しています。また，第14章で紹介したように，第4条で，独立した人権擁護機関の設置を求めています。

　子どもの人権を尊重する社会を構築する起点は，子ども自身のおかれている状況を正しく把握することにあります。その際に，まず考慮しなければならないのは，子ども自身が声を発する機会を確保すること，さらに声を発しやすいようなサポート環境を整備することです。

　社会福祉サービスの基本的考え方が，この30年間で，①サービス対象を選別主義から普遍主義へ，②契約制度を行政による措置から利用者による直接契約へ，③実施主体を都道府県から市町村へ，などと変わってきました。これらを通じて，供給者（事業者）本位の制度から，利用者本位の制度への転換が図られています。利用者の意向を尊重するという考え方は，利用者の声を尊重する制度ということもできます。

　一方，選択責任を利用者のみに課さないために，情報提供・情報開示，第三者評価，苦情解決制度など，利用者保護のための制度も進んでいます。さらに，高齢者や障がい者領域を中心に，成年後見制度や日常生活

自立支援事業など，本人の意思を支える制度も進められています。

　繰り返しになりますが，子どもの場合，制度と子ども自身の間には，つねに親が存在します。制度は，親が「子どもにとって適切な選択や行為をする存在」であることを前提に成り立っていますが，必ずしもその前提通りでない親も存在します。また，前提通りの親であったとしても，子ども自身が自分自身の思いを整理し，それを声にすることは，成長の基盤ともなります。したがって，子どもの声を聞くことは，すべての子どもの育ちにとって重要なことなのです。

（2）児童福祉法改正と子どもの声

　2016年の児童福祉法改正では，「社会のあらゆる分野において，児童の年齢及び発達の程度に応じて，その意見が尊重され，その最善の利益が優先して考慮」（法第2条第1項）されるという規定が設けられました。また，従前，社会的養護関連の子どもを中心に，児童福祉審議会や児童相談所から意見を求められる機会の確保や，子ども・若者ケアプラン（自立支援計画）策定に際しての子どもの参加の推奨，などが進められていました。さらに，家事事件手続法改正（2011年）では，「当事者となる資格を有する者は，当事者として家事審判の手続に参加することができる」（法第41条）という規定が設けられています。

　これらの点については，国連子どもの権利委員会（第4回・第5回総括所見，2019年3月）も一定の評価をしていますが（**表15-2**），いまだ不十分な場面が存在することが指摘されました。

表15-2　意見表明に関する国連子どもの権利委員会の指摘（第21パラグラフ）

> 　2016年の児童福祉法の改正が児童の意見の尊重に言及していること，また，家事事件手続法が当該手続における児童の参加に関わる規定を統合していることに留意しつつ，委員会は，自己に関わるあらゆる事柄について自由に意見を表明する児童の権利が尊重されていないことを依然として深刻に懸念する。

出典：国連子どもの権利委員会

　一方，独立した人権擁護機関等については，兵庫県川西市の子どもの人権オンブズパーソン制度のような地方自治体の取り組みはありますが，未だ制度化されていません。「新しい社会的養育ビジョン」では，「子どもの意見表明権を保障するために，子どもの年齢にかかわらず，子どもの希望も踏まえ，必要に応じてアドボケイト注4）をつける制度が求められる」とし，「概ね5年以内」にアドボケイト制度を構築することを求めています。

4. 国連子どもの権利委員会の指摘への対応

（1）国連子どもの権利委員会の指摘

　国連子どもの権利委員会の第4回・第5回総括所見は，54のパラグラフから成り立っています。このうち，第4および第5パラグラフにおいて，日本の課題が総括されています（**表15-3**）。

　これによると，差別の禁止，子どもの意見の尊重，体罰，家庭環境を奪われた子ども注5），生殖に関する健康および精神的健康，少年司法で

表15-3　意見表明に関する国連子どもの権利委員会の指摘（第4・第5パラグラフ）

　4．委員会は，締約国が本条約にうたわれた全ての権利の不可分性及び相互依存性について締約国に対して注意を喚起し，本総括所見に含まれる全ての勧告の重要性を強調する。委員会は，緊急の措置がとられなければならない以下の分野に関する勧告に対し，締約国の注意を喚起したい。その分野とは，差別の禁止，児童の意見の尊重，体罰，家庭環境を奪われた児童，生殖に関する健康及び精神的健康並びに少年司法である。

　5．委員会は，締約国が，持続可能な開発のための2030アジェンダの実施プロセス全体を通じ，本条約，武力紛争における児童の関与に関する児童の権利に関する条約の選択議定書及び児童の売買，児童買春及び児童ポルノに関する児童の権利に関する条約の選択議定書に従って児童の権利の実現を確保するよう勧告する。委員会はまた，締約国に対し，児童に関する限りにおいて，全17の持続可能な開発目標の達成を目的とする政策及びプログラムの策定並びに実施において児童の有意義な参加を確保することを要請する。

出典：国連子どもの権利委員会

す。また，SDGs の実現に際して，子どもの参加を求めています。

（2）日本の対応状況

　前項の指摘のうち，子どもの意見の尊重については，前節ですでに検討したところです。ここでは，体罰および社会的養護の課題について簡単に紹介しておきます。

①体罰と子どもの人権

　体罰の問題については，国連子どもの権利委員会との意見交換のプロセスで，課題として指摘されることがわかっており，速やかに対応するため，法改正が並行して検討されていました。

　その結果，2019 年の児童虐待防止法改正で，「児童の親権を行う者は，児童のしつけに際して，体罰を加えることその他民法第 820 条の規定による監護及び教育に必要な範囲を超える行為により当該児童を懲戒してはならず，当該児童の親権の適切な行使に配慮しなければならない」（法第 14 条）という規定改正がおこなわれ，2020 年 4 月から施行となりました。加えて，厚生労働省は，体罰等によらない子育ての推進に関する検討会を設置し，体罰等によらない子育ての推進のためのガイドラインを発表しました。

　体罰は子どもの人権侵害であり，おこなってはならないことは当然ですが，児童虐待防止法では，実行者を「親権を行う者」に限定していること，また，体罰の定義注6）をしていないため，しつけと体罰，体罰と虐待，それぞれの間の線引きをどうするかという新たな課題も生じています。ちなみに，学校の校長および教員については，学校教育法で，「懲戒は可能だが，体罰は禁止する」旨の規定を設けています。

②社会的養護

　第 9 章で学習したように，「新しい社会的養育ビジョン」による改革

が進められています。これについては，委員会は一定の評価をし，その実現を求めています。一方で，不十分な点も具体的に指摘しています。

　たとえば，①分離保護を最終手段とすること，②分離保護をする際に，裁判所など司法の審査を導入すること，③分離に関する明確な基準を定めること，④分離保護の際には，子どもおよび親の意見を聴くこと，⑤施設養護から家庭養護へと財源を移行すること，などです。

5. 子どもと親の双方を視野に入れた支援

（1）親支援の意義

　子どもの養育の第一義的責任が保護者である親（以下，親）にあることは，子どもの権利条約および児童福祉法がともに規定するところです。児童福祉法ではさらに，国および地方公共団体（地方自治体）に，「児童の保護者とともに，児童を心身ともに健やかに育成する責任」（法第2条第3項）を課すとともに，「児童が家庭において心身ともに健やかに養育されるよう，児童の保護者を支援しなければならない」（法第3条の2）と規定しています。すなわち，国や地方自治体には，すべての親を支援する義務があるということになります。

　親支援の多くは，助言，情報提供，具体的な場や制度の提供を中心におこなわれ，あとは親自身が主体的に考えることになります。

　しかしながら，もっと積極的に支援すべき場面もあります。それは親が自分自身で判断できないような問題に直面した場合です。さらに，親が不適切な判断や養育をしている場合には，介入的な関わりをする必要もでてきます。

　親支援は，親が親として機能できるようにすることを目的としています。その支援の中身は，親の置かれている状況によって異なるということです。

（2）介入的な支援における子どもと親の双方を視野に入れる必要性

　介入的な支援であっても，あくまでも「児童が家庭において心身ともに健やかに養育されるよう」にするためのものであり，親子分離を前提でおこなうものであってはいけません。また，たとえ分離したとしても，再度，子どもが家庭において養育されるよう，回復的な支援をおこないます。

　最初から親を嫌っている子どもはいません。親も同様で，最初から子どもを嫌っているものは「ほとんど」注7）いないのです。子育てのプロセスのなかで，過去からの影響も含め，何らかの状況が発生したときに，介入が必要な問題が生じてくると考える方が現実的だと考えられます。

　すなわち，親には親の事情があるということです。その事情を十分に斟酌し，親として再度機能できるように寄り添いながら，子どもとの関係の修復を図る必要があります。

　子どもにとって，親と生活できることは，基本的な人権のひとつです。このことを大切にしつつも，必要な場合には，新たな保護者を確保するなど，子どものパーマネンシー注8）を優先することに躊躇してはなりません。

》注

1）国内で一定期間内に生産されたモノやサービスの付加価値の合計額を表わす指標です。これから，物価変動の影響などを除き，より生活感覚に近い数値にしたものを実質 GDP といいます。

2）よろん出産子育て応援隊あんまぁ〜ず，
https://yoronanmas.wixsite.com/mama

3）一般には，レズビアン（Lesbian），ゲイ（Gay），バイセクシュアル（Bisexual），トランスジェンダー（Transgender）の頭文字をとって LGBT と表現されることが多いのですが，最近ではこれに「Q」をつけて表現されることがあります。近年比較的広く知られるようになっています。

「Q」は，クエスチョニング（Questioning）およびクィア（Queer）を指しています。前者は，LGBT のいずれにも属さないあるいはいずれもぴったりと当てはまらない状況をいいます。後者は，多数派の性的指向と異なることが「異常なことではない」（Queer の意味）と当事者が自らに誇りを持ち，肯定的な意味を持たせるために使われているものです。セクシュアルマイノリティは LGBT だけではないということの積極的意味を示すものです。

4）意思の表明力が弱い人や集団の側に立って，それを代弁・擁護したり，意思決定を支えたりする人のことをいいます。

5）社会的養護のもとで生活する子どものことを指しています。

6）国連子どもの権利委員会では，一般的意見 8 号（2006 年）において，「体罰その他の残虐なまたは品位を傷つける形態の罰から保護される子どもの権利」において，「有形力が用いられ，かつ，どんなに軽いものであっても何らかの苦痛または不快感を引き起こすことを意図した罰」と定義しています。実行者も，学校，司法，労働の場の関係者など，広くとらえています。

7）妊娠や出産のプロセスで，受け入れがたい状況が親に生じた場合，子どもに愛着を感じることができにくい状況が稀に生じることはあります。

8）養子縁組などによって，親権を有する新たな親を確保することをいいます。

 **学習の
ヒント**
①過疎地の親子の生活を支えるために，都市部の人ができることは何でしょうか。
②男女ともに社会に参画しやすい社会を作るうえで重要なことは何でしょうか。

引用文献

● Rousseau. J. J（1760），Emile ou De l'education ＝ 今野一雄訳（1962/2008 第 76 刷），エミール，岩波書店
● 新たな社会的養育の在り方に関する検討会（2017）https://www.mhlw.go.jp/file/05-Shingikai-11901000-Koyoukintoujidoukateikyoku-Soumuka/0000173888.pdf

参考文献

● 堀正嗣・栄留里美・久佐賀眞理・鳥海直美・農野寛治（2018），独立子どもアドボカシーサービスの構築に向けて—児童養護施設と障害児施設の子どもと職員へのインタビュー調査から，解放出版社
　【概　要】第 14 章で紹介した，イギリスの独立子ども人権擁護機関のアドボカシーサービスの日本導入を目指して行った，児童福祉施設の子どもと職員のインタビュー調査の報告書です。
● 今津孝次郎（2019），いじめ・虐待・体罰をその一言で語らない—教育のことばを問い直す，新曜社
　【概　要】学校は，すべての子どもたちが，成長する過程で通過する育ちの場であり，子どもの人権侵害が顕在化しやすい場となっています。教師が安易に使用する「体罰はしていない」「いじめとは認められなかった」などの言葉がそれをさらに深刻化させていることを，事例を用いながら検討したものです。教育現場に限らず，福祉現場等でも役に立ちます。
● 前田正子（2018），無子高齢化—出生数ゼロの恐怖，岩波書店
　【概　要】少子化が進んでいるにもかかわらず，待機児は解消されていません。性別役割分業に縛られ，子育てを「個人の責任」「母親の責任」とする日本社会に，「無子高齢化」という衝撃的言葉を使って警鐘を鳴らすものです。

索　引

●配列は五十音順，＊は人名を示す。

著者紹介

山縣　文治（やまがた・ふみはる）

1954 年　　広島県に生まれる
1982 年　　大阪市立大学大学院中退後，同助手
2012 年　　関西大学人間健康学部教授，現在に至る
主な著書　「施設・里親から巣立った子どもたちの自立」
　　　　　　（章担当，福村書店）
　　　　　　「住民主体の地域子育て支援」（章担当，明石書店）
　　　　　　「夜間保育と子どもたち」（章担当，北大路書房）
社会活動　厚生労働省社会的養育専門委員会委員長
　　　　　　（公社）家庭養護促進協会理事長
　　　　　　全国社会福祉協議会理事など

放送大学教材　1519328-1-2111（テレビ）

子どもの人権をどうまもるのか
－福祉施策と実践を学ぶ－

発　行　　2021年3月20日　第1刷
　　　　　2023年1月20日　第2刷
著　者　　山縣文治
発行所　　一般財団法人　放送大学教育振興会
　　　　　〒105-0001　東京都港区虎ノ門1-14-1　郵政福祉琴平ビル
　　　　　電話　03（3502）2750

Printed in Japan　ISBN978-4-595-32264-8　C1336